[よりぬき]

今日もていねいに。BEST101

松浦弥太郎

JN124093

PHP文庫

あなたのお役に立ちますように

――「はじめに」にかえて

　この本は、暮らしのなかの工夫と発見ノートのシリーズとして発刊し、多くの読者の方の支持を得てベストセラーとなった『今日もていねいに。』『あたらしいあたりまえ。』『あなたにありがとう。』の三冊の本の中から選び抜いた一〇一のエッセイを、暮らし、仕事の工夫、人づきあいの三つの章にわけて、再編集したものです。

　よく働き、よく暮らし、自分とは違う別の誰かとかかわりあいながらより良く生きていきたいと願う僕が、ときに迷い、ときに悩みながらも、自分の経験から発見し、工夫を重ねながらノートに書き続けてきた、毎日を大切に、ていねいに生きるためのヒントがつまっています。

単なる読み物として楽しんでいただくだけでなく、読むことで実用的な役に立つように考えながら書きました。すべてを実行するのは難しいかもしれません。それでも、この本に書いてあることのなかで、「いいな」「これだったらやってみたいな」「できそうだな」と思うことがあったら、ひとつでもふたつでも行動に移してみてほしいのです。そしてもし、何か変化が起こったら、ぜひ僕に教えてください。一緒に喜びたいと思います。

この本に書かれたヒントは、僕の宝物です。めまぐるしい人生のなかで汗をかきながら探し、見つけ、掘り出した、小さな、だけれども僕にとっては特別な宝物。僕はその宝物を独り占めにしようとは思いません。あなたのお役に立てていただけるなら、喜んで差し上げたいのです。

そのかわりに、どうかこの宝物を大事にしてください。ぴかぴかに光る宝物を眺めて楽しむだけではもったいない。うんと使ってお役に立ててほしいのです。この宝物は、使えば使うほどつやつやと輝きを放つようになるでしょう。あなたなりの工夫を加えてみれば、あなたのための宝物になるはずです。この宝物を地図のように使って、あなたが発見するあなただけの宝物を見つけにいってもいいのです。

さあ、この本のページを開いてみてください。この本に書かれていることが、お読みになる方のお役に立つことを願っています。

松浦弥太郎

［よりぬき］今日もていねいに。

BEST 101

目次

第一章 ていねいな暮らしがすこやかな毎日をつくる

第二章

小さな創意と工夫で　あなたの仕事は輝きはじめる

第三章

初めて出会ったときの新鮮な心もちで人とつきあう

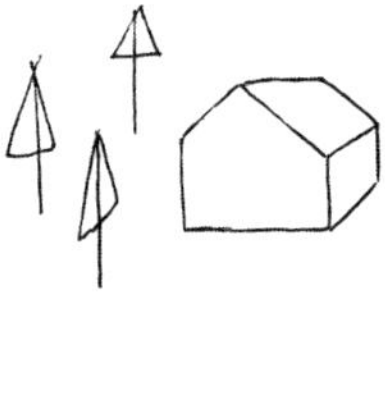

編集協力　青木由美子
本文イラスト　川原真由美

第一章

ていねいな暮らしが
すこやかな毎日をつくる

楽しみの発見・喜ぶ工夫

「最近、何か楽しいことはあった?」こうたずねられたとき、「どうかな、特別に楽しいことはなかったな」などと、あっさり答える人がいます。そのたび、僕は、ああもったいないなと思うのです。楽しみは、発見するもの。喜びは、工夫から生まれると僕は信じています。

息をつく間もない忙しさ、気持ちのごたごた、どうみても大変な仕事――こんなときこそ、楽しみを発見しましょう。そうしなければ、山みたいにそびえたつプレッシャーを乗り越えるのは、よけいに苦しくなります。

僕はそれを、険しい山のなかで知りました。雑誌『ブルータス』の仕事で、アメリカのトレッキング・ルートを旅したときのことです。そこはジョン・ミューア・トレイルという、踏破《とうは》するには一カ月かかる長い歩道でした。

ヨセミテ渓谷につながる道は、標高三〇〇〇から四〇〇〇メートル級。いくつもの国立公園に囲まれ、厳格に保護された自然のなかを歩く行程は、きついものでした。

僕はそもそも、シャワーも浴びられず、わざわざつらい思いをして山道を歩くといったアウトドアが苦手です。「そこでしか見られない景色を見たい」という思いで旅すると決めたものの、なかなか乗り気になれません。その状況で、どうやって自分の気分を盛り上げていくか——これがなにより肝心な準備でした。

歩く目的の旅であれば、いちばん大切なものは靴でしょう。出発は夏でしたが、僕は春先にサンフランシスコを訪れました。市街から遠く離れた山のなかに、世界一履き心地のいい靴をつくる『Murray Space Shoe』があります。

友人でもある店主のフランクさんに、今年の夏はこんな行程でこういう場所を歩くという話をし、登山ブーツ用に石膏の足型をとってもらって帰ってきました。すべて注文してからの手作業なので、仕上がるのは一カ月後です。

僕のふるまいを、馬鹿げたことだと思う人もいるかもしれません。たかが靴のために飛行機に乗ってサンフランシスコまで行き、レンタカーを借りて山道を三時間も走り、注文だけして帰ってくるなんて、酔狂だと笑われることもあります。

しかし世界に一足しかない、自分の足の形にぴたりと合った靴は、過酷な道のりを歩くときのお守りになってくれました。

「山のなかで絶対に足のことで困らないように」

フランクさんがそんな思いやりを込めて、プロとしての確かな腕でつくりあげた靴なのです。一歩踏みしめるごとに、彼への信頼が深くなりました。

僕はやがて歩きながら、「山を降りたら、フランクさんのところに寄ろう。この靴がどんなに頼もしい味方になってくれたか、話をしてお礼を言おう」と考えながら歩いていました。靴をつくってもらう——このひと手間で、僕はフランクさんとともに旅する楽しみを発見しました。登山靴をあつらえることで、歩くというルーティンを喜べるような工夫をしたからこそ、つらい道を歩きとおせたのです。

もう一つの工夫として、僕は山に、檜《ひのき》でできた漆のおわんを持っていきました。

山のなかの食事といえば、缶詰やフリーズドライ食品をアルミや鉄の食器で食べるのが普通です。「そういうものだ」と受け入れてしまえばそれまでですが、味気ないのは確かでしょう。そこで僕は、軽くて上等のおわんを持っていこうとひらめいたのです。

聞くところによると、本当に高級なおわんは、昔は檜でつくられていたそうです。しかし檜を加工するのはとても難しい職人技なので、今、巷《ちまた》に出回っている品は、たとえ一級品でも欅《けやき》素材だといいます。

「檜で、昔ながらのおわんをつくってくれる職人さんがいないものか」

一生懸命に調べたところ、たった一人、昔ながらのやり方で檜のおわんをつくっている職人さんを探しあてました。その昔、お坊さんは、食事もお茶もおわん一つで済ませたといいます。僕も一生使いつづける気持ちで、とびきりのおわんをつくってくださいとお願いしました。それを初めて使う場を山のなかにしたのです。

「地べたに座って最高級のおわんでいただくごはんは、どんな味がするだろう?」

そんな好奇心もありました。はたして、山のなかで漆塗りの檜のおわんと匙《さじ》を使っていただくスープは、極上の口当たりだったのです。

大変なときこそ、小さな喜びを持ち込む工夫をしましょう。仕事でも私的なことでも、好奇心があれば乗り切れます。わざわざ山のなかに行かなくても、毎日を工夫と発見の場にするチャンスは、いっぱい探せると思うのです。

○人から見たらささやかでも、自分にとっては大きな喜びになることを実行しましょう。

○「失敗するのが当然」という前提で、どうやって楽しむかを考えましょう。

新しい自分を見つける近道

「いつも新しい自分を模索したい」

僕にはこんな願いがあります。毎朝、毎日、新しい自分を探すのが楽しいと感じているのです。

なぜなら僕は、完璧ではないから。理想の姿ではまるでないから。

もちろん、暮らしの小さなことでも、人とのかかわりでも仕事でも、自分なりに誤っていない道を歩んでいるつもりです。「一〇〇パーセント、この道でいいんだ」と信じてスタートします。

それでも、僕はたぶん間違えます。正しいとしても、その道が完璧とは限りません。だから信じると同時に、「もっとほかのいい道はないか」あるいは「別のやり方があるのではないか」と考えることをやめません。

ほかの道、別のやり方を考えることは、今の自分を否定すること。

自己否定というと暗い言葉だと感じるかもしれませんが、これこそ新しい自分を見つける近道です。

昨日とまったく同じ今日が来て、そっくりの明日が続いて、いつのまにか月日がすぎていく。こんな現状維持は、まるで進歩がなく、つまらないと思います。何一つ変わらないまま月日がたてば、心はそのうち、やわらかさを失います。

精神が凝り固まるほど、危険なことはありません。

「絶対にこれが正しいんだ！」という主張にしがみついたとたん、成長は止まるものです。

「〜しなければいけない！」と断じるクセがついてしまえば、新しい自分を見つけるなんて、とうていできなくなるでしょう。

温故知新という言葉があるとおり、古いものや先人の知恵から学ぶことはたくさんありますが、その一方で、今の時代ならではの自分なりの新しさを見つけることは、生きている証ではないでしょうか。

だからこそ、いつも自分を壊したい。自己否定をくりかえし、自分をこなごなに壊したい。心をやわらかくし、新しい精神を見つけたい。そう願ってやまないのです。

○心をやわらかくするために、まずは「絶対」「普通」という言葉を禁句にしてみましょう。
○いつもの自分と違うことを、今朝は何か一つ試しましょう。

いつでも夢を語る

「いつも笑顔でいよう。笑顔こそ一番のお守り」

僕はつねづねそう書いたり話したりしていますが、いつも笑顔でいるためには、栄養がたっぷり必要です。

自分という木のための栄養。元気に枝を張り出し、笑顔という美しい花を咲かせるための栄養。僕は、その栄養というのは夢だと思います。

人はいくらでも夢をもっていいのです。たった一つでなくていい。今、若くても年を重ねていてもいい。どんな境遇だっていい。

もしも夢を抱くことがなかったら、どんなに寂しいことでしょう。

「いまさら夢なんて。子どものころはあったけれどね」

こんなふうにつぶやく人は、夢は途轍《とてつ》もなく大きなもの、と思い違いをしているのではないでしょうか。野球選手になりたい、歌手になりたい、そうした「手が届かないこと」だけが夢だと、決め付けているのではないでしょうか。

大人にとっての夢とは、自分自身がそこに向かって心楽しく歩いていけるもの。

たとえば僕の夢は、五十歳になったら大学に行くことです。

簡単ではないと思いますが、四十歳を超えた今から大リーグの野球選手を目指すのとは違い、不可能ではない夢です。ほかにもいろいろありますが、ポケットに詰め込んだいくつもの小さな夢が、僕を明日へと一歩一歩歩かせてくれます。

夢を大事にしまいこんでいるだけでなく、夢を語り合える友だちも大切です。家族や恋人、パートナー、同じ趣味の同志。お互いの夢について、存分に話す相手を見つけましょう。夢は叶うと信じる仲間を大切に。

「私の夢は、◯◯で……」と語り合う二人は、意識なんてしなくても、きっとほほえみを浮かべています。夢が生み出す笑顔ほど、美しいものはないでしょう。

○自分の夢を書いてみましょう。
○夢はいつでも、いくつになってももてるものです。

毎日が「自分プロジェクト」

ほんのささやかなものでも、ごく小さなものでも、「うれしさ」がたくさんある一日がいい。そんな気持ちで、朝、目を覚まします。

小さなうれしさがたくさんある一日であれば、ほんのりしあわせになります。

そんな毎日がずっと続けば、生きているのが楽しくなります。

そのための僕なりの方法が、自分プロジェクトです。

自分プロジェクトとは、誰かに「やれ」と、言われたことではありません。

自分でしかつめらしく「やらねばならぬ」と、決めたことでもありません。

仕事でもいいし、毎日の暮らしのなかの、些細なことでもいい。

「これができたら、すてきだろうな、面白いだろうな、きっと新しい発見があるだろうな」

そういった小さなプロジェクトをいくつもこしらえ、あれこれやり方を工夫し、夢中になって挑戦し、順番にクリアしていくことです。

自分プロジェクトとは、言葉を換えれば、自分で問題を見つけ、答えを考える「独学」です。一日に一つ何かを学ぼうとする心持ちです。

何かしら学ぶのですから、そこには必ず工夫と発見があります。先生もいない一人だけの取り組みなので、ちょっぴり大変ですが、それが醍醐味でもあります。

たとえば、僕の自分プロジェクトその一は、「おいしいハーブティーを淹《い》れること」。ハーブティーを飲むのは、僕の朝の習慣です。

日本茶、紅茶、中国茶、お茶というのはどんなものでも、雑に淹れるのとていねいに淹れるのとでは、まるで別の飲み物になります。

単なる朝のルーティンとして、ぱっとお湯をさしただけのハーブティーをひとくち飲み、おいしくないので半分残す――これでも生活に支障はきたしません。

しかし「おいしいハーブティーを淹れる」という自分プロジェクトに、毎朝、真剣に取り組んでいると考えたらどうでしょう？　おそらく、お茶を淹れるたった五分が、工夫と発見のひとときに変わります。暮らしがすこし豊かになります。

「今朝は濃すぎたかな」などと、失敗してもいいのです。プロジェクトに失敗はつきもの、そこから見えてくるものが必ずあります。

失敗を重ねたからこそ、「よしよし、ちょっとお湯の温度を変えたら、いい香りが出た」という具合に、うまくいく方法もみつかり、自信がつくのです。

「おいしいハーブティーの淹れ方」――僕にとってはこれも立派な「発明」です。

人にはばかばかしいと笑われても、たかがお茶だろうと言われても、自分なりのささやかな発見がそこにあれば、毎日にリズムができ、仕事だってうまくいきます。

ところで、自分プロジェクトには、このように小さなものもあれば、大きなものもあります。

たとえば、僕の自分プロジェクトその二は、「ギターを弾くこと」。もうすこし詳しく言うと、「大好きな一曲だけを、じっくり二十年くらいかけて、気持ちよく弾けるようになりたい」という長いスパンのものです。

実を言えば、僕はもう、その曲が弾けます。しかし、自分が思う「いい感じの弾き方」にはまだまだ届いていないので、繰り返し繰り返し、その曲を練習しているのです。

コンサートに出るわけでもなく、プロになるわけでもなく、期限を区切っているわけでもない——ただ、自分が納得するまで弾き続けるという「自分プロジェクト」。

ハーブティーをおいしく淹れるよりも時間はかかりますが、それだけ長く楽しめる、大きなプロジェクトだと僕はとらえています。七十歳くらいになって孤独と暇が訪れたとき、ギターが気持ちよく弾けたら、さぞかしうれしいだろうと、わくわくします。

じっくり取り組んでいきたいので、すぐにマスターしてしまったら、むしろつまらないとすら感じているのです。

どんな人も、何も考えず、流されながら暮らしていくのは、さびしいものです。

自分が何を目的として生きているかわからないのは、せつないものです。

そんなとき、たくさんの「自分プロジェクト」を持っていれば、朝、起きる目的も見つかります。

すこし慣れてきたら、暮らしの工夫や趣味ばかりでなく、仕事や人間関係にも「自分プロジェクト」をつくりましょう。するとやがては、自分の生き方を、自分の手でコントロールできるようになるでしょう。

○できるだけたくさん、「自分プロジェクト」を考えてみましょう。
○プロジェクトはメモにして、いつも目につくところに置きましょう。

「おはよう」の効用

出勤時間やごみを出す朝、特定の誰かと顔を合わせる時間帯がつらいという人がいます。それは苦手な人と顔を合わせる時間だからではありませんか。

あなたにも、そんな人がいませんか？　たとえば駅の改札で顔を合わせて、会社までのわずか数分を一緒に歩くのが気まずい相手。お昼時や買い物に出かけるとき、微妙に時間をずらしたくなる相手。

苦手な気持ちというのは不思議なもので、黙っていても相手に伝染します。「もしかして、この人は自分が嫌いなんじゃないかな？」とあなたが思っているとしたら、相手もそう思っているもの。おたがい苦手オーラをかもしだすようになれば、もっと気まずくなります。改札口でその人を見かけたとたん、自動販売機に駆け寄って一緒にならないようにするなんて、くたびれるうえに、かなしい小細工です。

苦手な人にこそ、こちらから近づいていきましょう。嫌われているだろうな、と思う相手にこそ、話しかけましょう。

これも立派な自分プロジェクト。試してみる価値はおおいにあります。

ニューヨークにいた頃、アパートの又借りをしていたことがあります。

家主の女の子はボーイフレンドの家に泊まることが多く、僕に自分の部屋を貸せばお小遣い稼ぎになる。僕もホテルよりアパートのほうが好都合だったのですが、それはあくまで僕と彼女の取り決めです。本当は禁じられていたし、僕は外国人。入口にいる管理人は、僕が出入りするたび、ギロリとにらみつけていました。

「住んでもいないおまえが、なぜ朝晩、ここにいるのか?」と不審に思っていたのでしょう。僕が「友だちの家に泊まりにきているから……」と話しても、信じてくれません。やがて顔をそむけてコソコソするようになり、しまいにはアパートの出入りがストレスとなってしまったのです。

いくら些細なことでも、毎日のことですから影響は大きくなります。悪くすれば、小さな「苦手意識」が誤解を呼び、トラブルを引き起こすかもしれません。

僕は意を決しました。相手が自然に変わるなんてありえないのだから、自分から歩み寄り、心を開こうと。そこであるとても暑い日、スーパーマーケットでコカコーラを買って帰りました。そしてアパートの入口にいる管理人にほほえみかけ、こう言ったのです。

「こんにちは。今日は特別暑いから、あなたにコカコーラを買ってきたよ」

すると彼はとても喜び、何度もお礼を言いました。それからは毎朝、気持ちよく「おはよう」と言いかわせるようになったのです。

彼の心に届いたのはコカコーラではなく、歩み寄ろうという僕の気持ちだと思います。その意味で、あいさつとは魔法の杖。それだけで人との関係が画期的に変わります。

もっとも、管理人とはにこやかにあいさつできる仲になりましたが、友だちになったわけではありません。誰とでも親友になるというのは、無理な話で当然でしょう。

それでも、僕の世界は大きく変わりました。あいさつだけで、たとえ最低ラインでも、気持ちよい人間関係をキープできる——考えれば、すごいことだと思うのです。

「おはよう」一つで、人とのもやもやだって消えうせます。

とことん話すのは無理な相手でも、自分から「おはよう」と言ってみましょう。相手ばかりか自分まで気分が変わり、朝がすてきになるはずです。

○苦手な人こそ、自分から話しかけましょう。歩み寄ってくる人を拒む人はそういません。
○一人きりでも「おはよう」と言葉にしましょう。その日一日が、ぴかぴかになります。

ゆったりするための一時間

いつもより一時間早く起きた朝は、ゆったりできます。ていねいに顔を洗ってもいい。朝ごはんをのんびり食べてもいい。いつもはバスに乗る道を、てくてく歩いて出かけてもいい。

僕が八時に会社に行くのは、始業時間が九時十五分だからです。人より早いこのおよそ一時間は、自分だけのひととき。早くスタートを切れば、その日一日の仕事に余裕が生まれます。

自分をゆったりさせるための時間は、ことのほか貴重です。自分ひとりでやらなくてはいけない仕事を、誰もいないうちにひととおり済ませておけば、始業時間にやってくる職場の人たちと、しっかり向き合うこともできます。

僕たちの毎日は放っておくと、三十分かかる仕事を無理やり十分で済ませようという競争の連続になってしまいます。しかし、「一時間余裕があるな」と思っていると、そんな焦りから解放されるのです。

一時間早くするとは、自分の時間が一時間多くなるということ。

ゆとりがあれば、安心できます。ゆとりがあれば、工夫ができます。

「こんなことを試してみよう」と考えて取り組めば、ありふれた仕事にも新たな楽しみが見つかるでしょう。一時間早くする——たったこれだけで一時間多く楽しめるのですから、なんともおトクなのです。

「一時間早く眠って一時間早く起きる」と、口で言うのは簡単ですが、実際はなかなか難しいもの。それでも暮らしに楽しさとゆとりがほしい僕は、すこしずつ、いろいろなシーンで「一時間早く」を実行しようと思っています。夏はもちろんのこと、秋でも冬でも「一人サマータイム」を取り入れたりしています。

一時間多く眠るより一時間早く起きるほうが、暮らしは心地よくなります。

○目覚まし時計を一時間早くセットしましょう。朝の一時間には黄金の価値があります。
○ていねいにつくった朝ごはんを、一時間かけて食べるのは本当の贅沢です。

面倒くさいと言わない

楽しく生きたい、しあわせに生きたいなら、面倒くさいと言わないこと。当たり前のことですが、どうにも忘れがちなので、思い出してほしいのです。

たとえば大切な仕事を頼まれて、「面倒くさい」と答えることは許されません。たいていの働く人はこのルールを守っているのに、どうしてほかのもっと大切なことを、「面倒くさい」と切って捨ててしまうのでしょう。

「面倒くさい」とは仕事のみならず生活のすべてで言ってはならない、考えてはならないことだという気がします。

世の中は、面倒くさいことをなくして便利になってきました。手間がかかってしかたがなかったものを、新しい方法を発明して改善する、その繰り返しで世の流れができているのです。

ところが、便利なものとは諸刃の剣。便利なものを使えば使うほど、楽しみが

こぼれていくことにも、そろそろ気づいたほうがいい気がします。効率と便利さを追求した結果、失っていくものもあると自覚する。僕たちは、そんな時期にさしかかっているのではないでしょうか。

だから、毎日をていねいに、手間をかけて過ごしましょう。何に手間をかけようか、考えながらその日を送りましょう。面倒くさいと片付けず、あえて手間隙《ひま》をかけることで、ささやかながら極上の喜びが見つかるはずです。

メールではなく手紙を書くのは、面倒くさいけれど楽しいものです。

買ったお惣菜でなく自分で夕食をつくる

のは、面倒くさいけれど楽しいものです。

ヘリコプターでなく歩いて山を登れば、面倒くさいけれど自分の足でたどり着いたものにしか見えない、特別な景色を目にすることができます。

面倒くささという「大変なもの」を乗り越える。その毎日の積み重ねには、上等のごほうびが待っています。

○掃除、料理、あいさつ、身だしなみを「面倒くさい」と思わずていねいにしましょう。
○面倒くさいことをていねいにやると、それがその日のトピックスになります。

一人という贅沢

僕は基本的に午前中で仕事を終えようと努力します。実務や打ち合わせは朝からどんどん済ませ、ランチはなるべく会社の人と一緒にとりますが、その後、家に帰るまでの時間は毎日、原則として一人で過ごします。一人で会社の仕事をしているのです。

取材や撮影が入ることもあるため完璧には無理ですが、それでもできる限り一人の時間を確保しています。一人になるとは、すべてを放り出して引きこもるのではなく、自分に立ち返ること。

どんな人も、何かしらの役割のなかで生きています。会社のなかの自分、家庭のなかの自分、親である自分、子である自分。僕も編集長であり古書店の経営者であり父親でもあるのですが、誰のためにあるのでもない、素の自分に戻りたいときもあります。

裸んぼうの、なんでもない自分になれるひとときがあれば、そこで自分を取り戻し、一息つけます。そこから真剣に人とかかわり、精一杯、コミュニケーションに心を砕く力が生まれると思うのです。一人の時間がなくては編集長にも父親にも、何者にもなれない、僕はそんなふうに感じています。

社会とかかわっていくとは、日々さまざまな出来事にさらされ、絶えず影響を受け続けるということです。変化と成長を求めているとはいえ、自分らしくないほうに流されて違和感を覚えたりします。そんなとき、一人になって自分を取り戻せば、流されるのではなく自分のフォームで泳いでいけるし、よい変化ができると思うのです。

自分が一人になるためには、相手にも一人の時間をあげることが大切です。一人の時間を確保するには、まわりの協力が欠かせません。

自分の部下には、「どうしても来たくないときは会社に来なくていい」と、大きな声では言えませんが、小さな声で伝えています。自分で仕事を管理できれば、取引先に立ち寄るといって午後から出社してもいいし、それらしい理由をつけて電話をすれば、休んでもかまわないと。これは、人は生身の人間であって、けっして機械の歯車ではないと思うからです。

僕の家族も、夕食後は本を読んだりテレビを見たり、自由に一人で過ごしています。月に二日は、ふらりと旅に出たりします。家族にとって一人の時間が大切なことがよくわかるから、僕はいっさい立ち入りませんし、子どもの世話などのフォローもします。

僕が一人になれる時間をつくってくれているのは、会社の人たちであり家族です。彼らの協力なしでは、決して一人にはなれません。

おたがいがおたがいの一人の時間を認め、一人での生産性を理解し、一緒の時間はしっかりとコミュニケーションをとる間柄。理解者であり協力者である関係。大切な人たちとは、こんなつきあいをしたいと思うのです。

僕は一週間くらい旅に出て、誰とも連絡を取らず、すべてを遮断することがあります。それは僕がわがままだからではなく、まわりのみんながそれを理解し、受け入れてくれるからできることなのです。

結婚していようと、どこかに所属していようと、一人の時間を忘れてしまえば、何かにすがることになります。依存して生きていけば、自分をなくしてしまいます。

ちょっとしたことでもいいのです。一人の時間をつくりましょう。その際には、相手に対して「一人になっていいよ」と明言することも大切です。

○一人の時間があってこそ、人との時間が深く味わえます。
○喫茶店でも公園でも、自分だけの一人になれる場所を見つけておくといいでしょう。

清潔なたたずまい

何を始めるのも、まず清潔に。清潔感とは、人生の作法です。

世界のすべてにかかわる土台とは、清潔感だと思います。「どんなことができるか、何を持っているか」よりも、清潔感があるほうが、はるかに尊いと感じます。

僕にとって清潔感を保つとは「ここが崩れると自信を失う」という境界線。どれほど賢くても能力があっても、馴《な》れ合いに塗り込められて清潔感が姿を隠したら台無しになってしまう――そんな気がしてならないのです。清潔な土台があってこそ、心地よい暮らし、良い仕事、新しいアイデアが生まれるのではないでしょうか。

つねに清潔なたたずまいでいるには、年を重ねても、経験を積んでも、初々しさを忘れないこと。新しいことにわくわくし、うれしいことには飛び上がって喜び、素直な気持ちをなくさないよう、大人になるほど気をつけねばならないと思います。

間違ったことをしたら潔《いさぎよ》く謝り、失敗はちゃんと認め、決して嘘をつかず、いつも正直・親切を心がける。これが心の清潔を保つ方法です。

どれもシンプルですが、たいそう難しくもあります。だからこそ、私はときどき自分に対して「清潔であるかどうか」を問いかけています。清潔感は生きる姿勢でもあり、姿かたちにも清潔感は欠かせません。そこで大切なのは、正しい姿勢です。

どんないいものを着ていても、姿勢が悪かったら台無し、また、質素なものでも、姿勢良く着ていれば、とても上等なものに見えるものです。

下を向いて歩いたり、斜めに傾いて立っていれば、どうしても臆病になってしまうもの。姿勢が悪いと背骨や内臓にも負担がかかるうえ、思考までどんよりします。

暮らしも仕事も歪んでしまわないよう、健康管理のつもりで正しい姿勢を心がけるといいでしょう。気の利いたことを話さなくてもいい。飾らなくてもいい。正しい姿勢と素直な心で、清潔な毎日を送りましょう。

○下を向いて歩いたり、前かがみに座るくせがあったら、早めに直してしまいましょう。
○かかとや耳の後ろなど、体のなかで、普段は目につかないところほど、清潔にしましょう。

足もとをぴかぴかに

靴を脱ぐ。

ちょっと離れたところから、ぽつんと置かれた誰かの靴のように眺めてみる。

そのとき「きれいだな」と思えるものを履きたいと、いつも思います。

きれいな靴というのは、「あたらしい、古い」の問題ではありません。

上質なものを選ぶこと。

デザインだけではなく、背筋をぴんと伸ばして美しく歩けるような、自分の足に合うものかどうかが肝心です。

次に、手入れを怠《おこた》らないこと。

汚れたら磨く、濡れたら乾かすといった習慣をつけるようにしましょう。底が斜めに磨《す》り減ったままの靴を平気で履いている人をたまに見かけます。見栄えがよくないだけでなく、バランスをくずし、体にも悪いのではないでしょうか。

そこでもうひとつ、修理をきちんとすること。

踵《かかと》を直す、靴底を張り替える、ステッチがほころびてきたら、ていねいに縫い直してもらう。良い靴なら、手をかければ何年も履くことができます。もしかすると、あたらしい靴を一足買えるくらいの修理代がかかるかもしれませんが、僕はそれが豊かさだと感じます。足になじんで履き心地が良い靴をかわいがり続けることは、すてきなおしゃれではありませんか。

映画監督の故・伊丹十三さんが『女たちよ！』（新潮社）に書いていらしたのですが、男のおしゃれのポイントはパンツだそうで

す。

シャツは安いものでも、上質なパンツをはいていればなんとかなる。つまり、上にいくら高級でいいものを着ていても、パンツがだめだと、全体がだめになる。こんな内容だったと思います。

下半身がおしゃれのポイントという話だと思うのですが、靴もそこにつながる気がします。さらにいえば、男性だけでなく女性も同じことだと思うのです。

○手入れした靴を履きましょう。
○おしゃれのポイントは下半身の装いです。

自分の足もと

マトリョーシカみたいな教えというのは、たぶんあると思うのです。

箱根の入れ子人形がルーツともいわれる、人形がいくつも入れ子になったロシアのおもちゃ。鮮やかな色の人形をぱかんと開けると、なかから同じような一回り小さな人形が出てきます。どんどん開けていくと、最後に小さな小さな、核みたいな人形が出てきます。

僕は中学生の頃、ちょっと実家を離れたことがあります。いわゆる問題児と呼ばれるようなクラスメイトと一緒に、何人かで、ある家にお世話になっていました。

そこのおばさんはあまりにも奔放に育った僕らに、お箸の持ち方から歯の磨き方まで、小さな子どもにするような躾《しつけ》をしてくれました。

おばさんから、とくによく注意されたのは「靴をきちんと揃える」ということ。

スリッパを脱ぎっぱなしにしたりすると、ものすごく怒られました。

「つま先がきちんと揃っているかで、その人の生き方が表れるのよ。靴を脱いだら、次に履きやすいように、きちんと揃えなさい。自分のぶんだけじゃなくて人のぶんの靴も、きれいに揃えなさい」

最初はしぶしぶでしたが、やがて靴を揃えることは僕の習慣になりました。今では意識するまでもなく、あたりまえになっています。

ありがたいことだと感謝しながら、それでも長い間、おばさんの教えは単なるマナーや躾だと僕は思っていました。「靴を揃える」という教えの小さな核に気がついたのは、ずいぶんたってからの話です。

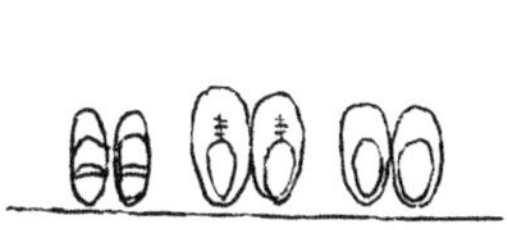

「人間はどうしても遠くばかりに目を向けるけれど、まずは足もと、近くのことが肝心。靴を揃えながら、いつも自分の足もとに気をつけなさい」

たぶん、おばさんが教えてくれたのは靴のことではなく、こんなメッセージだったのだ――あるとき不意に、僕はおばさんの言葉の奥の奥の、小さな核にたどり着きました。教わっているときはわからなくても、あとから伝わってくる真実もあるのです。

○昔、誰かが教えてくれたこと、その本質に気づきたいものです。

○マナーや躾の中には、本当に大切なことがかくされています。

心のこもった食事

食事は人生にかかわります。

基本的には一日に三回、毎日繰り返すことですし、何も食べずに生きていくことはできません。

自分や家族の手料理でも、お店で売っているサンドイッチでも、つくった人の心がこもったものを、おいしく食べたい。食べるということに対して、きちんと感謝したい。それ以外のものは、しっかり見定めて食べるようにしています。忙しさを口実に、いつも機械でつくられたものばかり食べていたら、大人も子どもも不幸せになってしまう気すらします。

「料理をする時間がない」という言い訳をする人。

「お金がない」と言ってレストランに行かずに、コンビニエンスストアに飛び込む人。

たしかに街中に、あらゆる便利な食べ物があふれています。しかしそれらは、あくまで緊急の場合、やむを得ないときの非常食。「体に悪いけれど、今は仕方がない」という認識をもって、我慢しながら食べるべきものです。

それなのに、コンビニのサンドイッチで朝ごはん、お昼はカップラーメン、夜はデパートのお惣菜という食生活が「基本」になったら、味覚はどんどん鈍くなります。

添加物の問題もありますが、「心がこもっていないものを食べても満たされない」というのも大きいでしょう。その証拠に、おにぎりやカップラーメンだけでは物足りないと、菓子パンやお菓子を追加する人も多いようです。こんな暮らしが続けば、体だけではなく、心の健康も損なわれてしまいます。

「一日三食、自分で料理をしろ」と言うつもりはありません。

「外食するならオーガニックの店か高級レストラン！」と言いたいのでもありません。

その日の体調や置かれた環境、忙しさやお財布のぐあい、あらゆる制約があるなかで、「今の自分が選べるなかで、最良の食事は何か？」をきちんと考え、選択しようという提案をしたいのです。

たとえば、今日は一日忙しくてランチに出かける時間もないと思ったら、朝ごはんのついでにおにぎりをつくり、会社に持っていく。

朝ごはんをつくれないとき、自動的にコンビニに飛び込むのではなく、できたてのサンドイッチを出すカフェを見つけて立ち寄ってみる。

考えてみれば、お金をかけなくても、毎回自分でつくらなくても、心のこもった食事をする方法はたくさんあります。

もう一つ、一人のときの食事も同じように大切にすることも忘れずに。

「人につくって食べさせるのは頑張るけれど、一人ならカップラーメンでいい」友人である料理人がこう言ったとき、僕は怒りました。自分の手料理を食べた人に喜びとしあわせを感じてほしいなら、まず自分がしあわせにならなければだめじゃないかと。「自分だけだから、まあいいか」と思ったとたん、おいしさもしあわせも逃げていきます。

朝ごはんは、一日のはじまり。あなたが一人暮らしでも家族がいても、忙しくてもゆったりしていても、どうか、すこやかな「いただきます」を。

○いつでも、料理した人の顔が見えた、心のこもったものを食べましょう。
○誰かのために、そして、自分のためにも、まずは簡単な朝ごはんをつくってみましょう。

優雅な箸づかい

滅多に着ないたった一枚のよそいきを手に入れるより、毎日履く靴を上等にするようなおしゃれが格好良いと思うのです。

「これさえ身につけていれば、どんなときもなんとかなる」という一つが何かは、人によって違いますが、品物以外で、どんな人にも役立つお守りがあります。

それはあいさつと箸づかい。

「おはよう、こんにちは」といったあいさつが自分を守ってくれる話はすでに書きましたが、優雅な箸づかいも日本人にとっては心強い味方になります。

食事のマナーはあれこれややこしいのですが、いちばんの基本はお箸でしょう。

簡素な朝ごはんでも、格式の高い懐石料理でも、和食は必ずお箸を使います。

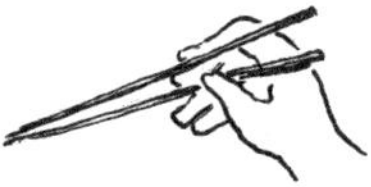

お箸さえ完璧に使いこなせれば、それでなんとか大丈夫。
「すみません、箸づかいが下手で」と言う人もたくさんいますが、だからこそ箸づかいをうまくするだけで、品格がちがってくると僕は感じるのです。
お箸は毎日使うものなので、練習のチャンスはたくさんあります。おまけに、僕は目からウロコの秘策を教えてもらいました。秘策といっても実に単純で、その方法はお箸の上のほうを持って使うこと。
人は普通、お箸の真ん中あたりを持ち、下手な人ほど下のほうを持つらしいのです。逆に言えば、できるだけ上のほうを持つと、とてもきれいに見えるということです。

位置を変えるだけで優雅になり、箸づかい名人になる第一歩となります。誰かと一緒に食事をするときも安心だし、自信になります。食事の機会というのは正式な会席ばかりでなく、「ちょっとお蕎麦屋さんで」という場合もあるでしょう。そう考えれば、優雅な箸づかいの出番は多いもの。

一人で食べるときにもていねいな箸づかいをすれば、あなたの暮らしは変わります。

○あきらめずに、お箸の持ち方を見直してみましょう。
○どんなことでも基本中の基本が身についていれば心強いものです。

水の色と水の味

この夏、僕は毎日毎日、水ばかりを飲みました。

特別な水ではありません。「おすすめの銘柄」なんてものもありません。

コンビニで普通に売っている、日本や外国の、いろいろなペットボトルの水。

水道の水でもいいし、湯ざましでもいい。

ただ、水を飲むという行為を通じて、味も色も特徴もないものとコミュニケーションしてみたい——ふっとそう、思いついたのです。

僕はまったくお酒を飲みませんが、コーヒーやジュースやお茶に慣れた舌は、おいしい味をたくさん知っているのに、いつのまにか〝もっと、もっと〟とほしがります。

より濃い味、よりおいしい味、よりすっきりした味。

より複雑な味を求めてしまうのは、わりあい普通のことかもしれません。

ところが困ったことに、「複雑よりは、シンプルなものがいい」と思っていても、それを追い求めると「よりシンプル度が強いものへ」という〝もっと、もっと〟がはじまります。たとえば、塩をつけただけのキュウリがシンプルでいいと思うがあまりに、より純粋でシンプルな塩を探し求めてしまうといった具合です。

女性の「ナチュラルメイク」は、あまりお化粧をしていないことではなくて、「お化粧していないように見えるように、しっかりとお化粧をすることだ」という話を聞いて、びっくりしたこともあります。

僕たちの生活は、〝もっと、もっと〟に包囲されているのかもしれません。

〝もっと、もっと〟ではラクになれない、安らげないと気がついた僕は、この夏、色も味もない水を飲むことで、力を抜きたいと考えついたのです。

試してみると、いろいろな発見がありました。

味がないはずの水にも、微妙に味の違いがあるのです。硬水、軟水などがあるからでしょう。

水の色はどうかといえば、まだよくわかりません。だけれど、それでいいと思っています。

水の色は「ない」のですから、その「何もない」ところに意識を向けて、「何があるんだろう?」と考えるのが楽しい。

水を飲むのは、必要だし、あたりまえだし、なんでもない身近なことですが、それを通じて「何があるんだろう?」と考え、ワクワクできることが、うれしい。

水を飲みながら、その見えない「色」を眺めていると、いつのまにか、知らないことに対する不安が消えていきます。水の色はわからなくても、それはそれでいいと感じられてきます。

水という、特別なことが何もないものに、充足を見つける。これは「足るを知る」というしあわせです。

「何もなくても大丈夫」と自分に教えてあげる、おまじないにもなります。

さあ、ごくり、ごくり。

おいしいジュースもコーヒーも置いておいて、しばらく水を飲んでみませんか。

○〝もっともっと〟と求めることを一度やめてみませんか?

○何もないように見えるものの中にある価値を感じましょう。

おなかに「空間」を残す

いつもちょっとだけ、「おなかが空いている感じ」を残そうと決めています。おなかは、空きすぎていてもいけません。ものすごい速さで、しかもたくさん食べてしまったりしますから、「ちょっとだけ」というのがコツなのです。

とてもおいしくても、大好物でも、僕は「腹六分目」で箸を置きます。

少し前までは八分目にしていましたが、ちょうどよさを考え、今は六分目に変えました。

残してしまうのはもったいないですから、最初からお店の人に「ごはんを半分にしてください」とお願いすればこと足ります。

ダイエットではなく、自分の体調管理。調子がおかしいな、というときはたいてい食べすぎていることが多いので、一日食べ物の量を調整するとだいたい治ります。

おいしいものも、食べることも大好きですが、それはイコールたくさん食べるということではないと思うのです。おなかに空間を残しておけば、おいしいものが入るゆとりがうまれる——そんな感じです。

おなかと同じく、部屋の中も、空間が大切です。

インテリアとは、どんな家具を置くかではなく、「まず、どれだけの空間を確保したいか」で決まるものだと思うのです。

おなか、部屋、そして自分の心の中。

なんにつけ、ぱんぱんに詰め込まれていたら、どんなものの味も、良さも、すばらしさもわかりません。

「もう少し食べたいな」というところで箸を置く。これが自分のちょうどよさをつくってくれます。

○いつもちょっとだけおなかを空かせておきましょう。身も心も軽くなります。
○「もう少し食べたいな」というところで箸を置いてみましょう。

お茶と功徳

チェンさんは、一日に何杯もお茶を飲みます。

茶藝という美しい伝統がある台湾ですから、チェンさんの淹れるお茶も、体があたたまる、香りのよい中国茶です。

ただしチェンさんのお茶は、特別なものではありません。昔からその土地のお百姓さんたちが普通に味わっているような、簡単な飲み方。ちょっと大き目の湯呑に好きなだけお茶っ葉をいれ、直接お湯をさすだけ。

これなら気楽だし、ほっとします。なんでもないからこそ、おいしいのです。

二十五年のあいだ、台湾で体に心地よい日常着を作り続けているチェンさんとは、台湾在住の友人の紹介で知り合いました。東洋思想を学び、それが服づくりにも表れている彼の話は、聞いても、聞いても、飽きることがありません。

たとえば中国には、陰と陽のバランスをとる思想があります。月と太陽、女性と男性といったように、すべてのものには対極の価値観があり、どちらに偏ってもいけないという考え方です。

ヂェンさんは、服づくりにも、接客にも、そして個として暮らしていくことそのものにも、その考え方を取り入れているように感じました。そこに魅せられた僕は台湾に出かけるたび、ヂェンさんのお茶をいただくようになったのです。

お茶を飲みながら、ヂェンさんはときどき、どきっとする質問をします。

「君の店では、理性の接客をしているのか、感性の接客をしているのか？」

これも理性と感性、両方のバランスが大切だということなのでしょう。

この春たずねたときも、ヂェンさんはお茶を飲みながら、こんな話をしてくれました。

あるとき、ヂェンさんのお店に、服を買いに来たお客さんがいました。

シンプルなシャツ、股上がとても長いパンツ、中国の伝統服のようなワンピース。ヂェンさんの服は流行にも関係ないし、華美なものではありませんが、どれも心を惹きつける力をもっています。植物染めだから、色の種類も無数にあります。そのお客さんも惹きつけられた一人だったらしく、あれこれと真剣に吟味《ぎんみ》し、いくつかの服を選びました。

ところがお会計をすると、もっていたお金では合計額に足りないのです。そのとき、ヂェンさんは言いました。

「今、払えるだけのお金を払えばいいから、全部もっていきなさい」

それを聞いて僕はびっくりしたのですが、もっと驚いたのはヂェンさんがそのあと話してくれたことです。

「あなたは今、これだけ払いました。差額は○○元ですね」

ヂェンさんはお客さんにそう言って、金額を紙に書きます。普通のお店であればそれは貸付帳のようなもので、確実にあとで払いに来てくれるように、連絡先なども聞いて書いておくでしょう。ところがヂェンさんは、そのお客さんが店を出たとたん、その紙を破って捨てるそうなのです。

「破るだけではありません。破った瞬間、忘れるのです」

それは、あとからお金を払いに来ないお客さんに対して、腹を立てたくないか

らではないようです。
　あとからお金を払いに来るお客さんと、それきり払いに来ないお客さんはどちらもいるそうですが、チェンさんにとっては、まるで関係ないのだといいます。
「ものごとには、功徳と福徳があります。功徳というのは、まったく見返りを求めない無償の行い。福徳とはその逆。品物の対価としてお金をもらうことや、すべての仕事は福徳です。わたしにとっては、功徳と福徳、両方のバランスが必要です。あたりまえに仕事をし、あたりまえに暮らしていたら福徳は増えていくでしょう。だからときには意識して、功徳をしなければなりません」

暮らしのなかで「これは功徳か、福徳か」をつねに問いかけていると、ヂェンさんは静かに話してくれました。

「これは功徳か、福徳か」

お茶と一緒に、これまでまったく意識してこなかった深い学びが、僕のなかにひたひたと沁《し》み込んできました。

これからも僕はヂェンさんのお茶を、何杯も何杯もいただくつもりです。

○あたらしい価値観につねに関心をもちましょう。
○無償の行いで思いつくことは何ですか？

寝転がるなら眠る

リラックスとは、楽な格好をすることではありません。

だらしのない姿ほどくつろげるかといえば、まるで逆だと感じます。

「家であろうと一人の休日であろうと、つねにネクタイを締めるべきだ」

こんな話をしたいわけではありません。ただ単に、「いつ、どこで、どんな時も、目上の人とばったり会っても恥ずかしくない姿でいよう」ということです。

「こんな格好をしているとき、人と会ったらいやだな」と思う服装が、あなたにもありませんか？

たとえば休日、Tシャツにスウェットでコンビニエンスストアに行くとき、ばったり誰かに出くわさないように、うつむいて歩いたりしていないでしょうか。

僕だって家にいるときはスウェットのたぐいを着ますが、どこにも出かけない休みでも、一日中その姿で過ごすことはありません。

「くつろぐ」というのは心の持ちようで、だらけた格好というのは、また別の話だと思うからです。

同様に、昼間に寝転がることもしないように気をつける。

子どもの頃、家で寝そべっていると、母にいつも言われました。

「寝るんだったら、ふとんを敷いてあげるから、そこで眠りなさい。そうじゃなければ、病気でもないのに、昼間から横になるのはやめなさい」

畳の上でごろり。ソファに寝そべってごろり。

つい、やってしまうことかもしれませんが、そうやってテレビを見ていたら、ずぶずぶと自堕落の沼にはまって、這《は》い上がれなくなる気がします。

もし、家の中でそんなことをしている人がいたら、いくらおしゃれをしていても、どこかにだらしなさが漂うのではないでしょうか。

普段の暮らしの態度は、たとえ誰にも見られていなくても、隠しきれはしないのです。電車の中で、「自分の家でもないのに、この座り方はないんじゃないかな」という人を見かけますが、決して美しくないと思います。

○リラックスとは、楽な格好をすることではありません。
○一人でいるときの態度は、その人の品格をあらわします。

静かなしぐさ

テーブルにコップを置く。ドアを閉める。エレベータのボタンを押す。こんなありふれた動作が、美しくも醜くもなります。

たとえば、がちゃりと受話器を置くのではなく、相手が切ったのを確かめ、ゆっくり静かに置く。このような静かなしぐさは、美しさを生み出します。

電話の場合だとマナーとして身につけている人が多いかもしれませんが、あらゆる場面に、同様の静かなしぐさをとりいれてみましょう。

コップをがちゃん！　と置かれたら、誰でもいやな気持ちがします。静かにゆっくりと置けば、おもてなしになります。

僕はときどき、駅で観察をします。研究テーマは、人は自動改札を通過するとき、ＩＣカード乗車券をどのように扱うか。

力いっぱい叩きつけるようにパーン！　とやる人もいれば、かるくタッチするだけの人もいます。高性能なシステムなので、どちらでも事足りるのですが、しぐさとは人それぞれであり、その人をあらわすものだな、と感心します。

びっくりするような音を立てて改札に定期入れを叩きつけた人が、電車に乗り込んだとたん、どさっと空いたシートに腰を下ろし、隣に座っていた人が振動にびっくりしてちらりと見る――こんな光景も珍しくはありません。おしとやかそうな女性なのに、がさつなしぐさだったりすると、見ていて悲しくなります。

マナーとは、世の中に対しての礼儀作法です。別に慇懃無礼《いんぎんぶれい》にしろというわけではありませんが、心の中で隣の人に「ちょっと失礼」と手刀を切るくらいの気持ちで、静かにシートに座る。このほうが、男性でも女性でも、はるかに美しいものです。

マナーやルールは人から与えられるものではなく、自分でつくるもの。たとえ電車のなかでガムを嚙むことが禁じられていなくても、「人前でくちゃくちゃやるなんて、大人として失礼だ」と控えるのが、自分を律するということです。

しぐさはまたマナーの問題を超え、その人の心模様を映し出します。無意識にがさつにふるまうときは、誰でも疲れていたり、心が荒れていたりするものです。

ところで、どんなしぐさをしているかを観察する対象は、世の中の人ばかりではありません。僕はむしろ、自分自身をよく観察します。

仕事や考えごとに押しつぶされそうな夜、マンションのエレベータのボタンを叩くように押す自分がいたら、「いけない、いけない」とつぶやきます。

静かなしぐさをしているかどうかを、自己チェックのものさしにしましょう。荒れているようであれば、自分で自分をやさしく引き戻してあげましょう。

一人のときも、人目にさらされているときと同じ、気品ある静かなしぐさを保ちつづける。これがいちばん難しくて、いちばん美しいことだと思います。

一人ひとりが静かなしぐさを身につければ、公共ルールなんて、いらなくなるかもしれません。

○パソコンを打つとき、ドアの開け閉め、部屋のなかを歩くときも、ひそやかに。
○静けさと優雅さは、たしなみとしてつながっています。

手足をいつくしむ

「手のきたない人は、信用できない」

　こう言うとずいぶん乱暴に響くかもしれません。それでも、きたない手のままで平気でいるというのは、すごく粗野ではないかと、しばしば思うのです。

　手は体のなかで、人とのやり取りを担う部分。「さわる」という行為をとりおこなうのです。食べ物、お客さまに渡す品物、ほかの人の手や頬にふれる手が、きれいなほうがいいのは当然でしょう。

　実際にさわるか、さわらないかの問題ではありません。もし、誰かにちらりとでも、「この手にさわられたくないなあ」と感じられたら、僕は自分で自分がいやになってしまいます。言葉を持たない動物や本や果物も、「この手にふれられたくない」というメッセージを発する気すらします。

　相手の立場になって考え、想像すれば、人の目につく手をどれほどきちんと手入れすべきか、わかっていただけるのではないでしょうか。

「きたない」とは、汚れていて不潔というだけではありません。傷だらけ、嚙んでぎざぎざの爪、ささくれだらけだと、相手に与える印象は「きたない」となります。「きたない」というのは、手入れがされていないということ。たとえ仕事柄あれていても、アレルギーなどがあっても、手入れされた手は美しいものです。だから、いつも丹念に手を洗いましょう。爪を切り、クリームを塗り、きちんと手入れをしましょう。

これは自分の体をいつくしむこと。健康に留意し、文字通り「手入れ」することです。その意味で、手と同じように足もきれいにしましょう。目に見えないところまできれいに整えるという心がけが、ていねいな暮らしや人生をかたちづくるのです。

これは男性の目線かもしれませんが、いくらきれいな服を着て美しくお化粧した女性でも、かかとがガサガサだと、がっかりしてしまいます。

もちろん、男性でも女性でも、自分の体を大切にするべきであるのは同じです。

体や健康という、命につながることに留意しない人は信用できない——こう言えば、冒頭の言葉もあながち乱暴には聞こえないと思います。

○風邪を引いて、夜、お風呂に入れなくても、手足を洗って眠るとすっきりします。
○きちんと手入れされた手でいれば、男性でも女性でも自信が持てます。

選ぶ訓練

注文は一瞬。買い物は即決。

僕と初めて出かけた人は、びっくりします。

レストランで何を食べようか迷うこともないし、買い物でどの服にするか悩むこともありません。見た瞬間、どれを選ぶべきかわかるのです。これはプライベートのことだけでなく、仕事でもなんでも同じです。

企画をやる・やらない、この人とつきあう・つきあわない、次の休暇はサンフランシスコに行く・ニューヨークに行く、なんでも瞬間に判断します。

はじまりはたぶん、幼い頃。絵が好きな子どもだった僕をデパートの美術展に連れて行くたび、母はこんなことを言いました。

「さあ、どの絵がいいか選んでみなさい。買って帰っておうちに飾るつもりで」

もちろん手が届く値段ではありませんが、自分の部屋に飾ると思えば、真剣に

なります。一〇〇点の作品を漫然と眺めるより、たった一枚を選んで自分のものにするという目で見ていけば、好き・嫌いを超えた判断基準が研ぎ澄まされます。

美術展の帰り、一枚だけ買ってもらえるポストカードをどれにするかも、絵とはまた違う、僕にとっては真剣な選択でした。

おもちゃ屋さんに行ったときも、毎回、どのミニカーにしようかと、実に真剣に選んでいました。あまりものを買ってくれる親ではなかったので、結局は「また今度ね」と言われることも多いのですが、今度のために選んでおかねばと思っていたのです。

知らぬ間に親が施《ほどこ》してくれた、ものを選ぶ訓練。これは大人になってからの財産になっています。僕はよく仕事が速いと言われますが、それは作業や書くことが速いのではなく、判断が速いためだと思うのです。

暮らしも仕事も、選択の連続です。誰かとランチに行くか行かないかでさえ、選ばないで保留にしていると、自分にも相手にも負担になります。イエスもノーも抱え込んだまま一人で考えていたら、心地よいリズムで生きるのはむずかしくなります。

とくに仕事での判断を保留にし、いつも「ちょっと時間をください」などとやっていたら、流れは確実に止まり、まわりの人にも迷惑をかけてしまいます。

そこで僕は、今でも選ぶ訓練を続けています。

たとえば、電車に乗ったときはあたりを見回し、「この車両で一人友だちをつくるとしたら誰がいいだろう?」と考えてみます。休日の新聞に中古住宅のチラシが挟まれていたら、買う気はなくても「どの家を買おうか、買う決め手はなんだろう？」と思いをめぐらせます。

これらは選ぶ訓練であると同時に、直感もきたえられ、想像する訓練にもなります。

そのためか、僕はアメリカの倉庫のように巨大な古書店で膨大な古本の山を見ても、興味があって好きな本を素早く探し出せます。「この大きな景色のあそこに宝が埋まっている」と、瞬間的にわかるのです。

本を読んでいても、全体のなかから自分に必要な言葉がパッと見つかります。ちょっと困っているのは、人と食事に行くとき。一瞬で相手のぶんまで勝手にメニューを決めてしまうので、これは気をつけねばと思っているのです。

○イエス・ノーを判断しないのは、相手と自分の負担になると覚えておきましょう。
○暮らしのなかに選ぶ訓練をする材料はあふれています。見つけて試してみるといいでしょう。

暮らしの引き算

増やしたら、減らす。

ごくシンプルなこのやり方が、ていねいに生きる秘訣です。

新しいものを一つ手に入れたら、部屋のなかにあるものを一つなくす。そうすると、いつも余白がある暮らしとなります。

「ものを所有することや趣味を持つことに対しても、恋人に向き合うのと同じ態度が必要だ」

こう言うと笑う人もいます。それでも、「新しく好きになった人ができたら、今つきあっている人とは別れる」という真摯《しんし》な気持ちを、日常の随所でもちたいのです。何人もの恋人と薄いつきあいをするより、一人の人に気持ちを捧げたいという願いは、人に対しても、ものや趣味に対してもまるで同じです。

なぜなら、数の限られた選ばれたものだけ持っていれば、一つ一つを宝物のようにいつくしむことができるのですから。

だから僕はギターの練習を始めたとき、それまでけっこう好きだった自転車を処分しました。「趣味はたくさんあるほうがいい」というイメージは、よく言われることであっても、普遍のルールではないはずです。

実際に試してみると、いっぱいいっぱいにならずに、自分のなかに新しいものを取り入れる余裕ができました。ものや趣味は言葉を持ちませんが、気持ちを捧げれば、こたえてくれるということでしょう。

今の状態からどんどん引き算をすることも、毎日に余白を増やすこつです。

たとえば、ドライクリーニング。

あるとき、ふと思いついて、季節ごとに服を買うのをやめて暮らしたことがあります。一年ほどまったく何も買わず、これまで持っていた服だけで過ごしたのですが、なんら不自由はなくむしろ心地よいものでした。

その後、必要な服だけを買うようになってから、「ドライクリーニングをしなければいけないような服はやめよう」と決めました。こうすれば日常から「クリーニング」という一つの要素を引き算できます。

環境に配慮してオーガニックコットンにこだわるのもいいのでしょうが、それをクリーニングに出していたら、さまざまな薬品や電力が使われるでしょう。

しかし、自分の手で洗うことができる品だけを持ち、きれいにアイロンをかける手間をおしまなければ、本当の意味で自然を守ることにつながるはずです。

毎日を点検し、暮らしの引き算をしていきましょう。

よく言われることですが、テレビなどは引き算にぴったりだと思います。ニュースは新聞でわかりますし、テレビで得ていた気分転換や楽しみは、自分の力で絶対に見つかると僕は信じています。

増やしたら、減らす。増やさなくても、減らす。

風通しがよい自分でいれば、軽やかに歩いていけます。

○必要のないものに、部屋だけでなく、心の空間も埋められていませんか？
○流行を追いかけるより、長く使える上質なものを一つ持ってはいかがでしょうか？

「足りない病」を治す

なにがあっても口にしたくない言葉があります。

それは、「お金がない」と「時間がない」。

「趣味を持とうにも、お金もないし、忙しくてそんな時間がとれない」と言う人は、あなたの身近にもいるかもしれません。

食材を買う、勉強をする、旅に出るお金がない。

料理をする、ゆったりする、勉強をする時間がない。

無造作にこんなことを言ってはばからない人は、自分をすこやかに保つことを、はなからあきらめている気がします。

なぜなら普通に仕事をし、普通に生活をしているのに「お金も時間もない」というのは、ある種の病気、いわば「足りない病」だと解釈しているからです。

もちろん、不慮の事故や病気、身内に何かあったとき、「大金が出てお金がない、看病で忙しくて時間がない」というのなら、わかります。

しかし普通に生活しているのにお金も時間もないというのは、別の話です。

きちんとした食事、リラックス、学び。これらを成し得るために、ものすごい大金や、ありあまる時間はいりません。ちょっと豊かになり、ほんのひと手間かけるためのお金や時間は、いかようにも工面できるのが、すこやかな状態だと思うのです。

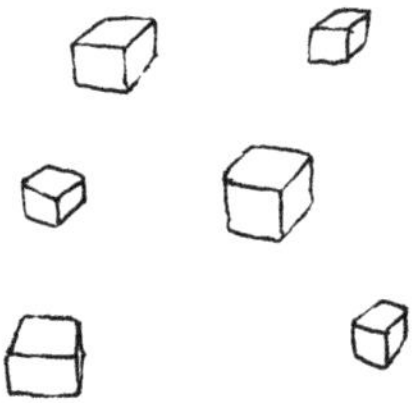

「お金がない」と言って許されるのは、まだ働いていない学生だけです。「時間がない」と言ってもいいのは、特殊な事情で身動きが取れない人だけです。

大人として社会にかかわっているのであれば、「お金がない、時間がない」は絶対に口にしてはなりません。

もし、ちらりとでもそう思ったら、「足りない病」になりかけていると、自分の状態を点検するきっかけにするといいでしょう。

風邪を引いたとき生活態度や食習慣を見直すがごとく、「足りない」と思ったら自己観照しましょう。

病因を自分のなかに見出せば、きっとよくなります。「足りない病」は、不治の病ではないのです。

○「足りない」と言うことは、何かの原因を人のせいにする怖い行為でもあります。
○「足りない」を禁句にすると、新たな打開策が見えてきます。

お金という種

お金というのは、使えば使うほど増えるもの。

「今月はずいぶんお金を使ったな」というのは、僕にとって喜ばしいことです。投資家のごとく、資産運用テクニックでお金を増やすという意味ではありません。

お金を使えば通帳の残高は減りますが、自分のなかの価値としては、ただのお金であったときより、ぐんと増えているはずだということ。

逆に言えば、意味のない貯金などきっぱりやめて、自分が何倍にも豊かになるようなお金の使い方をしたいと思います。それが真の資産運用であり、お金という種を育てることです。

まだ僕が若く、あてどなくさまよっていた頃、付き合ってくれたまわりの大人はみな、「お金の使い方をちゃんと勉強しなさい」と教えてくれました。

だからこそ、お金はいつも慎重に使わねばなりません。

使えば使うほどいいといっても、単なる欲望のためなら消費です。

おなかをすかせたリスのごとく、お金というひまわりの種をカリカリ食べてしまったら、そこでおしまい。しかし、一粒の種を肥沃な土地に蒔《ま》けば、再び大きなひまわりの花が咲き、その花からは、またたくさんの種ができます。

旅に何十万円も使い、何一つ形に残るものがなくても、自分のなかに経験や本物を見る目という価値が備われば、それはお金という種を育てる投資です。

高級ですてきな時計を買っても、単なる「欲しい」というわがままや、満たされない別の欲望のかわりであれば、それはお金という種を食べてしまった消費です。

株の投資といったことは別問題で、僕は興味がありませんし、家賃や電気代は消費か投資かという以前の必要経費ですが、種を育てる資産運用を学びたいものです。

「ああ、失敗した！」と思うこともありますが、それも立派な勉強です。

ランチ代をどう使うかも、立派な資産運用。心も体も満ち足りる食べ物であれば投資ですし、そそくさと買ってきたカップ麺で済ませるのは、お金を捨てる行為です。

○貯金というのは目的ではなく手段だと覚えておきましょう。

○自分に価値あるものに投資したほうが、銀行にお金をあずけるより、はるかに高い利子がつきます。

揃えること

「質素に暮らそう」

「倹約して過ごそう」

誰かと「ちょうどよい生活」という話をしていると、この、ふたつの言葉がよく出てきます。それでは具体的にはどうしたらいいのか考えてみたら、簡単な答えが浮かびました。

「お金を大切にあつかうこと」

単純かもしれませんが、これこそ、ちょうどよい生活の根っこだと思います。

お金を「使う」ではなく、「あつかう」。

まるで友だちに向き合うときみたいにお金を大切にしてあげれば、もしかするとお金のほうも、自分を大切にしてくれるかもしれません。

質素倹約とは、贅沢をしないことでも、無駄遣いをしないことでもないのです。お金に好かれるための、一つの思考方法ともいえます。

僕の両親はお金を大切にあつかっていました。

父はお金をいつも上着の内ポケットに入れて会社に行きました。ズボンのポケットや鞄に入れて持ち歩くことも、絶対にしなかったのです。

「人からもらった名刺とお金は、心臓より上にして持ち歩くんだ」

父の言葉を聞いたとき、子どもなりに僕は知りました。

「ああ、うちのお父さんはお金を大切にしているんだ。お金というのはそういうものなんだ」と。

母は買い物から帰ったあと、畳の上に財布を置くようなことは決してしませんでした。棚の上、下駄箱の上、ほんの一瞬でも、ちょっと高いところに置くのがわが家のならわしだったのです。

お金は便利な道具にすぎないものというのも、真実です。しかし道具だからといって「使えればいい」とばかりにぞんざいにあつかうのは、いかがなものなのでしょう。

たとえば、財布のなかはレシートや何かの会員カード、お札がぐちゃぐちゃ。ちょっと急いでいるからといって、お釣りのコインを乱暴にポケットに突っ込む。

ときどき僕もやってしまいそうになり、そのたびに父のことを思い出しては「いけない、いけない」と唱えます。

鞄でも万年筆でもカメラでも、お気に入りの道具なら、誰だって大切にあつかいます。お金もそれと同じように、大切にあつかったほうがいいのです。

一日に何度か、僕は財布のなかを整理します。急いでいるとき適当に入れてしまったお札を、金額ごとにわけ、全部向きも揃え、きれいに整えているのです。

小銭入れは別にして、ふくらみすぎないように。ささいなことのようで、こういう部分に人となりがあらわれるような気がしています。

僕はまた、札入れのなかに「お守り」を入れています。

ちょっと具体的すぎて恥ずかしいのですが、使うぶんとは別に二つ折りにした一万円札を一〇枚、財布の奥にしのばせているのです。本当に困ったときのためのお守りなので、使うことはありません。普段使うお金がなくなったらその都度銀行にいくから、二つ折りの一〇万円はもう何年も手つかずのまま。

僕は四十すぎの大人の男性として一〇万円にしていますが、若い人なら一万円でもいいし、人によって額は違ってくるでしょう。それでも使わない「お守り金」は、神社などで売られている「金運祈願のお守り」より、ずっと効き目がある気がします。

さらに普段使いとは別に、お祝いごとやご不幸や突発事項など、「何かあったときのための財布」を用意し、家と仕事場に置いています。いつでもＡＴＭで下ろせる時代とはいえ、本当に時間がない緊急事態のための備えです。

とくにお祝いごとは、ぱりっとしたきれいなお札も気持ちのうち。

贈る相手もお金も大切にあつかうためには、慌ててコンビニに走り、よれよれのお札しか出てこなくてあせるなんてことは、さけたい事態ではありませんか。

○お金と友だちになりましょう。
○そうすれば、お金に困ることはなくなります。

商売っ気というセンス

どんなときでも、僕には「商売っ気」があります。「商売っ気」というのは、働くうえでは欠かせないセンスのような気がします。

表現するような仕事でも、商売っ気は必要です。主婦だろうと会社員だろうと「働くすべての人には、商売っ気がなくてはならない」とすら思っているのです。

商売っ気というのは、単にお金を儲けることではありません。

自分がもっている知識、経験、能力などを世の中で機能させるということ。

たとえば、絵を描くのが大好きな人がいて、「すごい絵が描けた」と思っていたとします。しかし、一人で眺めて満足していたら、ただそれだけ。

ここで商売っ気を発揮すれば、世の中にかかわることになり、そこにはひとつのサイクルが生じます。

つまり、すごい絵だからこそ「誰かに見てもらおう」と考え、実際見せるためのアクションを起こし、見た人も「いい絵だな」と思ったら、その対価を払ってくれる。一人で満足していることと対極にある、こういった世界にかかわる営みを総じて、僕は「商売っ気」と呼んでいるのです。

「本当に好きなことだから、お金になるかならないかは、どうだっていい」ときどきこんな発言をする人がいますが、それは何か違うんじゃないかな、という気もします。

人はみな、これまで生きてきたなかで学んだことを活用し、世の中に循環させ、生きる糧《かて》を得ています。「お金が絡《から》む＝卑しいこと」というのは誤解です。家で料理を作ることでも、趣味で絵を描くことでも、何か物を売ることでも、自分のすることに対して「商売っ気」をもったらどうでしょう。

もともと好きなこと、得意なことが、もっと好きに、もっと得意になるはずです。

○「商売っ気」とは、自分の得意なことを世の中で機能させることです。
○「お金が絡む＝卑しいこと」というのは大きな誤解です。

落ち込んだときは

「ずいぶん、しょんぼりしてるじゃないか」

そうやって、自分で自分に声をかけたくなるときがあります。

いさかい。

仕事での失敗。

うまくいかない、あれやこれや。

小さいけれどなかなか抜けないトゲみたいに、心に引っかかった誰かの言葉。

へこんでしまうことは、思いのほかたくさんあるのです。

そんなとき、僕は台所に行きます。冷蔵庫から取り出すのは、たまご。

白くてぴかぴかした丸いたまごを割ると、つるんと透明の白身に包まれた橙《だいだい》色の黄身がすべり出ます。

自己流に目分量で塩や砂糖を入れ、かしゃかしゃかき混ぜる。

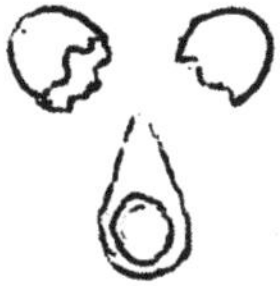

フライパンに油をひいて、そうっとたまごを流し込む。

落ち込んだとき、僕はもくもくと、たまご焼きをつくるのです。

はしから丸めて、形を整え、焦げないようにして、できあがったらお皿に移します。両親が共働きでしたから、子どもの頃はおやつ代わりにたまご焼きをつくりました。

大人になった僕は、落ち込んだらたまご焼きをつくり、ぱくぱく食べて美味しかったら、自信を取り戻します。

「ああ大丈夫、ちゃんとできるじゃないか」と。

心がしぼんでしまったときは、どんなにささやかでも、得意で好きなことをやってみるといいのです。たまご焼きじゃなくてもいい。誰にでも、何か得意なことはあるでしょう。

料理のほかに僕が得意なのは、古本屋に行き、ゴミの集まりのなかから宝石を探すように、すてきな本を見つけ出すこと。古書店の仕入れとはまったく別で、たまご焼きと同じ「落ち込み脱出作戦」として、ときどきそんなこともしています。

そこのしょんぼりしているあなた、さあ、何をつくりますか？

○落ち込んだときは、得意なことをしてみましょう。
○あなたの得意なことは何ですか？

忘れる恵み

いたましい事件にまきこまれた人たちと、話す機会がありました。

僕が言葉を交わした人たちが抱える体験は、それぞれ言葉にできないようなものだったのです。

ある人は「こんな目にあわせた相手を、私は絶対に許さない。事件のことは決して忘れない」と言いました。何人もの人が同じような気持ちでいると、その言葉に賛成しました。

部外者である僕は、黙って話を聞いていたのですが、「松浦さんはどう思いますか？」と感想を求められたとき、正直にこう述べました。

「忘れてしまったほうがいいですよ」

口に出したとたん、非難されるかな、と思いました。なぜなら僕には、彼らほどの深刻な過去はありません。忘れるなんてお気楽で、不謹慎な言い草だと言われるかもしれないという気がしたのです。

しかし意外なことに、つらい過去を抱えた人のうちの何人かは、うなずいてくれました。「忘れられないし、忘れてはいけないと思っています。だけど同時に、もう、過去はいいじゃないか、これからずっと悲しみにとらわれて生きたくないと思うことも、たくさんあるんです。忘れられたらいいですね」。

いたましい事件について、僕は語る立場にありません。

しかし、どんなに平和に暮らしている人も、心の中になにかしらの悲しみ、憎しみ、恨みを抱えています。ごく平凡に日々を生きていようと、心が傷つくことは珍しくありません。

だからといって、その傷だけに目を向けるのはどうでしょうか。

「あの人に、ひどいことをされた」

「私は間違っていない」

「あんなに辛《つら》かった、こんなに嫌なことがあった」

そんな気持ちを繰り返し再現し、心に克明《こくめい》に刻み付けても、いいことはあまりないと僕は思います。

執着や執念。「忘れられないこと」というのはたいてい、怒りや恨みといったとても根が深い自分の負の感情が、絡みついた出来事。

「絶対に許さない」と決めた瞬間、罪を犯した相手だけではなく、自分自身も自由を失ってしまいます。恨みは相手を縛る鎖になると同時に、自分をも縛り付けるものなのです。

よく覚えていること、忘れられないことこそ、忘れてしまう努力をする。

「もう、過去に引きずられない」と決めて、すっぱり断ち切る覚悟を決める。

たいそうむずかしいことですが、「何もか

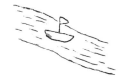

も覚えていること」にとらわれず、どんどん忘れるというのも、一つの知恵だと僕は思います。

日本では「水に流す」という言葉があります。昔からずっと生き残っている言葉だから「今さら」と思うかもしれません。しかし僕は、難しいけれど役に立つ知恵だからこそ、「水に流す」という言葉が長い間使われているのだと考えているのです。

忘れるとは、人に与えられた一つの恵みとすら、ときどき思います。

○忘れるということは、怒りや恨みから自分を解放することです。
○忘れるとは、人に与えられた恵みでもあります。

とことん休む

落ち込んだとき、僕はとことん落ち込みます。

どん底まで落ちていく気持ちで、一人で引きこもったりします。外からのあれこれを遮断し、「逃げ場所」に避難の旅をすることすらあります。

泣きたくなることは、たくさんあります。死にたくなることも、たくさんあります。大人で、父親で、仕事人であっても、それが僕という人間であるし、ほとんどの人はそうでしょう。だったら、誤魔化すことなんてないのです。

心がふさぎこんでしまったら、自分を休ませてあげましょう。

一週間かもしれないし、十日かもしれない。重病になったと見なし、自分で自分に正々堂々と休暇を与えるのです。生きていく最小単位は「自分」なのですから、それを優先して大切にすることは、わがままでも身勝手なふるまいでもありません。

心の病気には薬がありますし、まわりのみんなも気遣ってくれることでしょう。しかし最後に助けてくれるのは、ほかならぬ自分です。奈落の底まで落ちてしまったとき、自分以外、自分に手を差し伸べられる存在はないのです。

落ち込んだら、お酒を飲んだり遊びに行ったりして、紛らわしてはいけません。

悲しいとき、涙をこらえてにこにこ笑っていてはいけません。

大人だからってクールな顔で、なんでも我慢をしてはいけません。

嘆きましょう。悲しみましょう。声をあげて、わんわん泣きましょう。体がおかしなとき、嘔吐《おうと》をこらえてもしかたがないのと同じように、たまってしまった苦しみは、思い切って吐き出すのです。そして涙が枯れる頃、いちばん恐ろしいもの――自分が抱えている闇そのもの――と向き合えば、いつか必ず乗り越えられます。乗り越えたあとは、不思議と強くなっているものです。

何かいやなことがあって乗り越えられない友だちがいれば、僕はこう言います。

「泣き足りてないんだよ。どこかで我慢しているんじゃない？」

さて、あなたは、最近、ちゃんと泣きました？

○落ち込んだときに逃げ込む場所を確保しておきましょう。
一冊の本でも、近くの公園でもいいのです。
○自分を見つめるのは怖いことですが、勇気を出す価値はおおいにあります。

万年筆のすすめ

高級品でなくていいから、万年筆を一本もちましょう。モンブランとかペリカンとか、そんなこだわりはいりません。使い捨てではなく、インクが補充できて、自分に合った、長く使えるものを選べばそれでいいのです。

万年筆で手紙を書けば、ごく普通の便箋でも上等になります。

万年筆のすてきなところは、インクの強弱がつくこと。毛筆と同じように、文字のある部分は濃く、ある部分は薄く書けます。一定ではないからこそ、どんな気持ちで綴ったかを、相手に伝えることができるのです。

万年筆で日記を書いてもいいでしょう。インクの色のグラデーションが、遠い未来の自分にその日の気持ちを届けてくれます。

万年筆の賢いところは、インクがなかなか乾かないこと。

さっと書いて大急ぎで投函《とうかん》しようとすれば、せっかくの文字が滲《にじ》んでしまいます。これは不便――いいえ、とんでもありません。綴った文字が、乾くまで待つひととき。これは、賢い万年筆が慌て者にくれる、特別な贈り物なのです。

万年筆の豊かなところは、筆圧がいらないこと。鉛筆やボールペンと違って、万年筆自体にある重みにゆだねて手を動かせば、自然に文字を書いていけます。

僕たちは、知らないうちに、日常で力を入れることが癖になっています。ギュッと蛇口を閉めたり、力いっぱいドアを閉めたり、ぐっと奥歯をかみしめたり。暮らしのなかで「力を抜くこと」がどんなに豊かなのかを、万年筆は教えてくれます。

○力を抜いて、話しかけるように手紙を書いてみましょう。
○万年筆を自分の味方につけましょう。

雨の日は花を買う

雨の日には、花を買います。部屋をあかるくしてくれるから。

近所の一番近いお店で、花を買います。歩いて行って、歩いて帰ってこられる距離なら、思いたったときに買えるから。

女性のほうが、花に親しんでいるかもしれません。

僕は男だけれど、花屋に行って「そのとき」のきれいな花を選ぶというのは、自分の美意識を刺激される行為だと実感します。

パーティのためでも、誰かへのプレゼントでもない。週に二回くらいの頻度で花屋に行く暮らしは、たいそうな贅沢。

「部屋の空気を変えたい、雰囲気の良い部屋にしたい」と願うなら、家具を変えるより、ポスターを貼るより、何か小物をあしらうより、花を飾るほうが、よほど効き目があるのです。

花は大好きですが、僕は特別な花瓶を持っていません。大、中、小と、せいぜい三つ。五〇〇円玉ひとつで買える程度の花を、ごく普通に活けます。日常的に花を買うやり方は、台湾のお茶の先生に教わりました。

先生は、たった一本の百合の花を近くで買い、包みもしないですうっと持ち、そのまま歩いて帰ってくるのです。

その百合が、もって帰る道すがら、先生をなごませてくれるのでしょう。

その一本が、さっと活けたとたんに、部屋を彩《いろど》ってくれるのでしょう。

雨の日に暗くなるのは、部屋の中だけではありません。僕たちの心の中も、ちょっぴり薄暗くなっているものです。

そんなときは、昼間から電気をつける前に、外に出ましょう。傘をさして、花を買いに行きましょう。部屋だけでなく、気持ちまでが華やぎます。

短い間でも生きている花。花瓶の水を替えることも、花を飾る喜びのうちです。

○花を買う習慣を身につけましょう。
○花は部屋だけでなく、気持ちも明るくしてくれます。

読書という旅

ほんの五分ばかり、旅に出る。そんな感覚で本を読んできました。

もしかすると旅と読書は、同じものかもしれません。

「自分のなかに、余白がなくなってきた」と思ったとき、僕は旅に出ます。それと似た感覚で、ちょっと気分を変えたいとき、本を読みます。

旅の途中も、読書中も、日常から離れて孤独に浸《ひた》り、つかのまとはいえ、まったくの一人になることができます。

実際の旅には準備も着替えもいりますが、読書は実に身軽な旅です。ページをめくるだけで旅先に足を踏み入れることができますし、飛行機に乗らなくても、数分で日常生活に帰ってこられます。

古書店を経営し、文章を書いたり編集をしたりしているので、「さぞかし本に詳しく、膨大な読書量なんでしょうね」と言われることがありますが、それは誤

解です。
僕よりはるかにたくさん本を読んでいる人は大勢いて、そういった人は僕など到底及ばない、たくさんの知識を蓄えていることでしょう。
僕ときたら、読んだあと、あらすじを忘れてしまうこともしばしばです。読み終わったあとの記憶や、書かれていた内容はどうでもよく、読書の楽しみは「読んでいる時間そのもの」にあると感じているから。
「知識を得るために本をひらくのは、読書ではなく勉強だ」というのが、僕なりの認識です。

だからもっと気楽に、いろいろな本を読んだらどうでしょう。

「一日一冊読もう」とか、「全何巻を読破しよう！」と意気込むのではなく、本とのつきあいは、もっと自由に楽しめる気がします。

みなさんもぜひ、小さな旅を。

◯お気に入りの本を、何回も繰り返し読みましょう。そのたび新しい発見があります。
◯本を一人の人間として考えてみましょう。新しい読み方が見つかります。

木が香る地図

最寄りの駅から自分の家までを、あなたはどう道案内するでしょう？

「改札を出て目の前の銀行を左、直進して三つめの信号を右折し、一階にコンビニエンスストアがあるビルの隣の、茶色いマンションです」

たいていの人はこんな具合に言うはずです。たしかにわかりやすい説明ですが、豊かではない気がします。

そこで木や花を使って心に地図をつくりましょう。

見慣れた風景をとっくり観察し、街路樹、知らない家のベランダの花といった、ごくささやかな自然をていねいにすくいあげ、木が香る地図をつくるのです。

「桜並木をしばらくまっすぐ行くと、小さい花壇がありますから、そこを右へ」

「大きな菩提樹《ぼだいじゅ》の木が目印です」

こんな具合の道案内ができたら、すてきだと思います。

いつもの道だから、多くの人はあたりを見回すこともなく、無意識に歩いていることでしょう。しかし「自然を見つけよう」と決め、こまやかに関心をはらえば、目印の木はきっと見えてきます。

アスファルトの道に取り囲まれているといっても、その下には土があります。いくら外見が変わっていても、自然の上に立っているのです。

だから僕は、自分が住んでいるところにはどういう土があり、どういう植物が生えているかを知りたいと思います。自然とできるだけ仲良くする工夫をしています。

自然を見つけて、木が香るような地図をつくれば、豊かな人生にすこし、近づけるはずです。

ちょっと時間がある昼下がり、新しい地図をつくるために散歩をしましょう。

○花を絶やさないすてきな家を見つけたら、ひそかにお手本にしましょう。
○お気に入りの木を決めると、平凡な並木道も特別な場所になります。

小さな歴史

歴史を学ぶことは、僕にとっての大きな楽しみです。

年号を暗記するだけの歴史ではありません。たとえば、マケドニア王国のアレキサンダー大王がつくった幻の大図書館といった壮大な歴史を辿《たど》ったり、小堀遠州が、波瀾万丈《はらんばんじょう》な徳川幕府の時代にどう生き抜いたかなどを調べたりするのは極上の喜びです。

生きていくうちには、わからないこと、試練、悩みがつきものですが、歴史はそのたびに味方になってくれます。ものごとは輪のように繰り返されるので、先人から学ぶことはたくさんあるということです。

「あれ、この時代ってすごく今の状況と似ているな。この頃の人たちは、どうやって乗り越えたんだろう？　そのとき、何を考えていたんだろう？」

不思議なもので歴史を辿っていくと、こんなふうに気づかされることが、思い

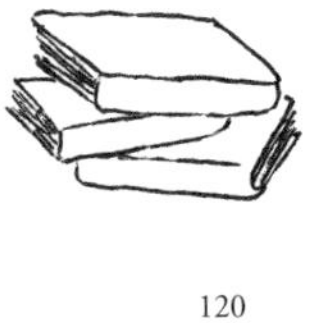

のほか多いのです。

一方、もっとささやかで身近な歴史も、同じように楽しむことができます。

たとえば、カウブックスがある中目黒の歴史。

この街の象徴、桜並木にはさまれた目黒川は、都会のなかにあって、緑濃く穏やかなせせらぎです。しかしこれはごく最近のことで、江戸時代には護岸《ごがん》工事もなされておらず、しばしば氾濫して水害が出たそうです。一九八〇年代にも、大規模な護岸工事が行われました。その結果、今のような静かなたたずまいの川になったのです。

中目黒は再開発でしゃれたお店が増え、大きなスーパーマーケットもできました。が、かつて駅の向こうには小高い山があり、牧場があったといいます。

さらに歴史を遡《さかのぼ》れば、目黒川と並行して走る山手通りも、その突き当たりにある玉川通りまでが、その昔は海でした。そのため発掘された化石のなかには、クジラの骨まであるそうです。

かつて海だった場所が川になり、牧場だった場所がマンションになる、そんなことに思いを馳《は》せるのは面白いものです。ささやかな探究にもなりますし、自分がこの場所にいるというつながりや所属感も味わえます。

少々大げさですが、「うちのマンションのあたりには、昔クジラが住んでいてさ」などと、誰かに話すのも楽しいのではないでしょうか。

壮大な歴史を調べるのはライフワーク級の楽しみなので、膨大な本を読んだり、いささか苦労するのが喜びでもあります。

しかし街の歴史であれば、もっと手軽に調べることができます。図書館にいけば郷土史の本はたくさん揃っていますし、区役所や市役所でも資料が見つかるでしょう。

ささやかだけれど連綿と続く歴史。その小さなパーツである自分を、掘り起こしてみませんか。

○自分の住む街の歴史を調べてみる。ちょっと昔と、うんと昔を較べてみましょう。
○歴史から見つけた先人の知恵を、悩んだときのヒントにしましょう。

旅の荷物

すてきなもの、便利なもの、楽しいもの、きれいなもの。

あらゆる荷物があふれすぎると、僕は途方に暮れます。全部を放り出して身軽になりたくなりますが、必要なものもたくさんあります。

あなたも身動きが取れない気がしたら、たとえ予定はなくても、旅の荷物をつくってみましょう。条件は、一人旅で一週間以上とします。

家族や友人となら、子どものぶんの着替えを持ってあげたり、あるいは出張であれば、パソコンなどの仕事の道具を持ったりと、相手との関係性や仕事のあれこれがかかわってきて、「自分のための荷物」にはなりません。

また、三日程度の旅だとあまりにも短いので、「多少、不便でもいいや」となります。たとえば僕の場合、三日の旅なら、楽しみのための楽器は持っていきません。

その点、一週間であれば、暮らしの最小単位となります。十日間でも荷物はそうかわりませんし、一カ月になったところで、着替えを洗濯したり着まわしたりするので、結局、一週間分の荷物と同じです。

三日なら同じ靴を履き続けてもいいけれど、一週間となれば二足いるかもしれない。何度も晩ご飯を食べるのだから、一日くらい上着がいるような、気の張るレストランに出かけるかもしれない。

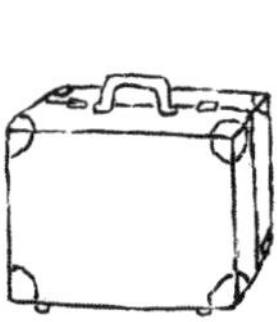

手紙を書くから、好きなペンとレターセットと住所録。ホテルで落ち着くためのアロマオイル。気に入っている中国茶は、できれば気に入ったカップで飲みたい。ちょっと寂しい晩は、ギターかウクレレを弾きたい。

こんな具合に、一人の時間をどう過ごすかを考えると、必要なものがだんだんわかってきます。一週間どんな本を読むか、自分らしくあるために何を着るか、ふっと生まれる空いた時間に、何をして楽しみたいのか。

僕は年に二、三回、一週間くらいの一人旅をします。旅そのものはむろん、欠くことができない大切なものですが、旅の荷造りも、自分を知るためのいい訓練になります。

○一週間一人旅をするとして、あなたは何を持っていきますか？
○その荷物で一カ月暮らせるなら理想です。

第二章

小さな創意と工夫で あなたの仕事は輝きはじめる

本物だけのメモ

本物に触れることは、本質を見極めるトレーニングになります。

旅に出ましょう。美術館に出かけましょう。誰かに会いに行きましょう。

何かを直接見るために、家を出ましょう。時間をかけて、足を運びましょう。

「実際に実物を見る」という意識を持ち続けるのは、たいそう大事なことです。

なるほど、遠い国の砂漠の果てだろうと、世界の名画だろうと、テレビで目にすることができます。今やインターネットさえ利用すれば、なんでも検索できます。


メディアの発達で本物に触れなくても情報は手に入るようになりましたが、それはあくまでも概略。だいたいの姿であり、儚《はかな》いサムネイルです。「忙しいから、だいたいわかればいい」というインスタントな発想は、貧しくて寂しいものです。

僕はインターネットを否定しません。新しいメディアだと興味を持っているし、自分でも何かをつくってみたいと思っているし、必要な道具として利用しています。

しかし同時に、インターネットはあくまで選択肢の一つであり、基本にはならないと肝に銘じるようにしています。あまりに便利ですぐれているから、すこしでも油断すると「あらゆる情報源がインターネット」となるでしょう。いつのまにか依存するはめになるのではと思うと、たまらなくおそろしいのです。

本物に触れず、外からの学びをインスタントなものだけに頼っていたら、そもそも自分の持っていた感覚が、少しずつダメになっていく気すらします。

また、情報を保存する際は、インターネットであればマウスをかちかち動かして画面をコピーすれば済みますが、それもちょっと怖いふるまいです。

だから僕の鞄には、いつだってメモと鉛筆。本物を見たとき、本物の言葉に出合ったとき、いつでもメモを取れる状態にしておきたいのです。大事なことだから忘れないというのは嘘で、直感やひらめきは書き留めなければこぼれ落ちていきます。

本物を見て、自分の手で記した「本物だけのメモ」が増えれば、どんなサイトよりも心強い、あなたの情報源となるはずです。

○インターネット上の情報には間違いも多いと知っておきましょう。
○バッグのなかにいつもお気に入りのメモとペンを入れておきましょう。

まずは自分で考える

「わからない」と思った瞬間、あなたの目は、どこに向けられますか？

「これはなんだろう？」と感じた瞬間、あなたの手は、どこに伸びますか？

もしかすると、首を横に向けて、隣の人に尋ねているのではないでしょうか。

あるいはパソコンのマウスに手を伸ばし、インターネットの検索ページを開いているのではないでしょうか。

もしもそうなら、たいそう危険なことです。

仕事や暮らしのなかはつねにわからないことだらけです。そんなときすぐ人に聞いてしまうと、頭が退化してしまいます。

インターネットも同じこと。「考える」という行為を省略して、すぐさま外に答えを求める習慣がつくと、心があくせくしてきます。

まだるっこしいプロセスはすっ飛ばし、できるだけすばやく、文字通り今すぐに、一番の近道で答えにたどり着く。こんな調子で日々を送っていたら、ちょっとでも「わからない状態」が続くと、いらいらするでしょう。

仮にその答えが間違っていたら、「○○さんの言ったとおりにしたのに」あるいは「インターネットでちゃんと検索したのに」と、自分で決めたことの責任転嫁をするかもしれません。

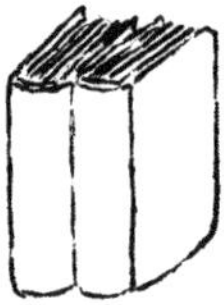

自分で考えず、人の答えを鵜呑《うの》みにして、いらいらしたり誰かのせいにしたり――こんなひどい人間になってしまいかねない習慣は、さっさとやめたほうがいいのです。

「まずは、自分で考える」

これをスローガンにして、毎日自分に言い聞かせましょう。わからなかったら、まずは自分一人で、静かに考えること。とことん考えぬくこと。

時間はかかりますが、理解は確実に深くなるはずです。

○パソコンのマウスに伸ばしかけた手を止めて、目を閉じてみましょう。
○苦労してみつけた答えだけが、しっかりと身につくのです。

一カ所を掘り続ける

一途《いちず》というのは、美しいことです。

生きていくうえで必要なことだし、一途さがその人の魅力になります。

「こんなに地味で、どうでもいいようなことを、コツコツやっていてなんになるんだろう？」

たとえそんな疑念がよぎっても、一途さを手放してはなりません。

「いいかげんに、効率よくする方法を考えてみたらどうなの？」

こんなふうに友だちや家族、まわりから言われても、あきらめてはなりません。

掘って、掘って、掘り続ける。何も出なくても掘るのです。

「ああ疲れた、こんなところ掘っても無駄だし、もう無理だ」と思った瞬間、ぽろりと宝物が出てくるから。

誰かがその一途さを、ちゃんと見てくれているから。

せっかく掘り始めたのですから、たとえ小さな穴でも、途中であきらめては、つまらないことになります。

ときどき、「とても優秀なのに、なぜ〝代表作〟がないのだろう？」と感じる人がいます。僕がここで言う〝代表作〟とは、べつに作家やアーティストの作品をさしているわけではありません。

ごく普通の事務や営業、販売といった仕事。得意な料理でも、好きな楽器を奏《かな》でることでもいいのです。みんなそれぞれ、その人なりの〝代表作〟があって然《しか》るべきなのに、かしこくて器用な人ほど、どうにもそれが見当たらなかったりします。

理由はきっと、彼らはこの穴を掘り始めてすぐ、結果が出ないからといって「あっちを掘ったほうが、良いものがあるかもしれない」と思ってしまうためでしょう。優秀で穴を掘るのが上手なだけに、次々と違う穴に手を出してしまうのでしょう。

あげくのはて、あちこちに中途半端な小さな穴があいているだけで、宝の鉱脈にたどり着けないことになるのです。いろいろな資格がたくさんあっても、一カ所を掘り続けた人の一途さには、かないっこありません。

好奇心は大切ですし、いろいろなものに興味を持つことは、まったく悪いとは思いません。しかし、「掘る」行為は、「好奇心」とはまた別のものです。

穴を掘るというスタートラインでは、才能は関係ありません。掘り続けていくプロセスには、特段「技術」もいらないのです。だからどんな場所でも、どんな穴でも、とにかく掘り始めてみましょう。

肝心なのは、そのあとはひたすら、同じ場所を掘り続けること。

一途に継続し、そこに自分なりの喜びを見つけ出すこと。

ただ、それだけです。

○不器用でもいいのです。一途さがその人の個性になります。
○一途さを手放してはなりません。

自分を整える

絶対条件は健康管理。

「仕事の基本はなんですか？」と聞かれたら、僕はこう答えます。「人とかかわる基本はなんですか？」と聞かれても、僕の答えは同じです。すべてにおいて必要なのは、まず自分を整えることだと思っています。

体調がすぐれなければ、人と接するのは難しいものです。相手に負担をかけるし、不快な思いをさせてしまうかもしれません。「なんて人だろう」と呆《あき》れられるようなミスをしでかす原因も、体のコンディションにあったりします。

具合が悪いときには人を気遣えないし、思いやりももてないはず。何はなくともよく眠り、きちんと食事をし、すこやかな体であらねばなりません。

同じように大切なのが、身だしなみです。どんなときも身ぎれいにしておくことは、人とかかわる絶対条件です。

もっとも、最近は洋服に気を遣う人が増えて、おかしな格好はほとんど見かけなくなりました。安くても良いものが買えるし、センスも磨かれているのでしょう。

それだけに、「体そのもの」の手入れをしているかどうかが、重要になってきます。

たとえば髪の毛。髪の手入れをきちんとしている人は信頼できるし、すてきだと思います。逆にいうと、髪が乱れていたり、のびっぱなしだったりすると、生活態度や仕事ぶりも荒れたものに感じます。

とくに男性の場合、寝癖がついたまま仕事場に現れる人もいますが、社会人としてコミュニケーションをとっていくうえで、気遣いが足りないのではないでしょうか。

「はねた髪が、○○さんの愛嬌があるところ」

こんな具合に好意的に受け止めてもらうのは、けっこう難しいことです。大人になれば、なおさらです。

女性の場合、髪は人の目が自然にいくところです。いくらすてきな服を着ていても髪が乱れていると台無しになるので、気を配りすぎるくらいでいいと思います。


髪と並んで、手がきれいな人もすてきです。男女を問わず、指先というのは目立つもので、ふと差し出した指がきたなかったり、ペンを使う手が汚れていると、なんだか幻滅してしまいます。

手のきれいさは信頼感、安心感にもつながると考えているので、僕自身、指先や爪の手入れは怠らないようにしています。

もっとも、僕が言う「きれいな手」とは、なにも白魚のような指ではありません。

畑仕事をする人は爪の間に灰汁《あく》がはいるし、機械を使う仕事の人は油がしみこんだ分厚い手になります。人から見たら汚れた手かもしれませんが、手入れをしているかいないかは、ちゃんとわかります。

レストランで働いている僕の知人の手は、女の子なのに傷だらけです。日々酷使しているから、かなり荒れてもいます。

しかし、彼女がていねいに手を使っていること、使ったあとは大切にケアしていることはわかります。だからその手は「きれいな手」です。靴職人が、なめし革のようになった分厚い手のひらにていねいにクリームを塗っているのを見ると、尊敬の念がわいてきます。

アトピーや皮膚の炎症があっても、その人が心配りをもって手入れしていれば、どんな手もきれいな手だと思います。

洋服は嗜好《しこう》性が高い趣味のもので、人それぞれ。そこをはかる物差しは、僕は持ち合わせていないのです。しかし、髪と手は、その人が何を大切にして生きているか、ライフスタイルをはかる尺度のような気もします。服と違って取り替えられないし、自然に表れてしまいます。

手入れといっても、特別に飾り立てる必要はありません。

髪はまめに切って、きちんと洗う。手は爪を手入れし、ハンドクリームを塗り、たまにマッサージすれば万全だと思います。

女性に気をつけてほしいな、と思うのは、あまりに飾り立てると清潔感から遠ざかるということ。髪も爪もやりすぎると、自分を整え、身ぎれいにするという目的からどんどん外れてしまうようです。身だしなみやおしゃれとは、礼儀のひとつなのです。

○よく眠り、きちんと食事をし、すこやかでいること。人とかかわる絶対条件です。
○どんなときも身ぎれいにしておきましょう。

きよらかという自信

僕が経営する古書店カウブックスの大切な仕事は掃除です。

六年前に開店したときから、スタッフにはことあるごとに「見えないところをきれいにしよう」と言い続けています。

三十分あればひととおりの掃除はできるようなスペースを、毎日二時間かけて掃除する。これをばかばかしいと思う人もいるようです。毎日掃除しているのですから、磨く場所が見つからないほどきれいなのです。ほとんどのスタッフが、「毎朝、無意味なことをやらされている」と感じているようでした。

ところが、そのなかの数人は楽しそうに掃除をするということに、僕はやがて気づきました。その一人にたずねてみると、こんな言葉が返ってきました。

毎日やると決めたのだから、「大変だ」とか「なんの意味があるんだろう」などと考えず、楽しんで掃除をしようと決めた。すると、毎日磨いている積み重ねが自信になって、お客さまに胸を張って「いらっしゃいませ」と言えるようになった――。

　彼らの答えを聞いたとき、秀《ひい》でた人かそうでないかは、与えられた仕事を楽しめるかどうかの違いなんだな、と感じました。

　僕が掃除を徹底している理由も、彼らの答えと似ています。カウブックスというこれまでになかった古書店を始めるとき、経営や接客のすべてが手探りで、自信をもてるところが何一つありませんでした。そこで僕は、自分たちが今いる場所を大切にしていれば、ささやかでも確実な自信になると思ったのです。「すみずみまで毎日掃除している」という努力の事実があれば、小さくても誇れるものができると。

それは今でも続いており、『暮しの手帖』でも僕は同じことをしています。

一生懸命に磨き、整理整頓し、毎日掃除を続ける。これを守っていれば、ごくたまに小さな埃《ほこり》が見つかるとしても、よくある失敗で済みます。「ええっ、その棚は見られたくないな」という部分がまるでないだけで、堂々と振る舞えます。

毎朝の掃除で、きよらかさをつくりだせば、誰でも強くなれるのです。

○家でも職場でも、自分の空間をきれいに整理整頓しましょう。
○きれいなところを、もっときれいにすることは、一つの創造です。

実行する実行家

思うこと。考えること。アイデア。

僕の場合、これがなくては仕事にならないし、暮らしていけないと言えるくらい、いろいろなことをよく考えます。

アイデアは大切ですが、実行する行動力も大切です。さもなくば、手のひらからこぼれおちる砂粒みたいにアイデアが消えてしまうのも事実でしょう。

「あんなことをやりたい」と、いろいろ話す人はいますが、一向に手がけている気配がないと評論家になってしまいます。思って、考えて、人に喋り、何も始めないうちに結論を出してしまうようになるのです。始まりもないのに終わりが来る――そんなあっけない暮らしは、できる限り避けたいと思います。

そこで目指すは、実行する実行家。

アイデアが浮かんできたら、思うだけでなくやってみます。発明が実験によって進化するがごとく、試してみれば新たな考えも生まれてくるものです。

そのための工夫は、難しいことではありません。毎朝、今日やることを書いた、箇条書きのリストをつくるだけ。

仕事でやるべきこと、自分プロジェクト、「娘とプールに行く」なんて、ちょっとしたことも書いていきます。人は忘れやすい動物で、せっかく自分がやりたいと思った楽しいことすら、リストなしでは忘れてしまうからです。

リストができあがったら、簡単なことから実行していきます。できなかったら次の日に繰り越し、翌日もできなかったら、その翌日に繰り越します。

全部が簡単なことではないので、繰り越しがえんえんと続くことも、まあまあります。それでも一向にかまいません。「繰り越している」という状態を自覚するだけで、ずいぶんと違うのです。

どうやら人には、できなかったことを「なかったこと」にしてしまう心の作用があるようで、へたをすると、できなかったことを忘れる努力をしかねません。

そこで、「やりたいけれど、できていないんだ」と確認することが、かなめとなります。

十九歳のときアメリカで、はじめてシステム手帳というものを見ました。六穴式バインダーの手帳です。ご存知のとおりいろいろなレフィルがありますが、当時の僕がいちばん驚いたのはthings to doというフォーマット。

「○月○日、今日のやるべきこと」を書き込む欄には、左端に小さな四角いチェックボックスがついていて、あとで自分が書いたことをやったかやらないか、振り返りもできるのです。なんて合理的なんだと、びっくりしました。

僕はシステム手帳を使ってはいませんが、毎朝の基本はthings to do。フリーハンドで自由に書いていくだけで、リマインダーにもなります。

今日のthings to do、今月のthings to doがあれば、暮らしも仕事も山のてっぺんから見渡すようにクリアになり、実行する実行家の第一歩が踏み出せます。

○リストがあれば、ぱっと見るだけで一日の流れがわかって安心です。
○大切なことより、簡単なことからやっていくのが挫けないコツです。

与えるスケール

人生で何をしたかは、どんな仕事をして、どんなものをつくったかでは決まりません。大切なのは、どれだけ人に与えたかということ。

与えるといっても、ものではないと思います。生きていくための知恵、心やすらぐ方法、新しいものの見方、こういったことをたくさん見つけ、たくさんの人にわけ与えることができたら、自分もしあわせになれると思うのです。

四十代という自分の年齢を考えると、人生のちょうど真ん中です。

真ん中まで生きてきた人間には経験があり、それを人に与えることができます。寿命までまだ半分しか過ぎていないのであれば、蓄えてきたものを壊し、ゼロからもっとすてきで新しいものを見つける勇気もあります。

だからまず、僕はかかわる人すべてに、何かしら与えたいと思います。自分一人で引き出しにしまいこむことなく、惜しみなく与えようと決めています。それが僕の年齢の、社会人としての責任だと考えているのです。

いかなる年代でも、いかなる立場でも、与えなければ得られないのは真実です。

「会社は自分が成長するために、何をしてくれるのだろう?」

「国は社会をよくするために、何をしてくれるのだろう?」

こうしてじっと待ち、「ください」と要求ばかりしても、何一つ得られません。まず自分から与えれば、必ず何か返ってきます。

「自分には何も与えられるものなどない」と悩むことはありません。

誰でも何かしら、与えられるものは持っているはずで、まずはそれが何かを見つけましょう。

生きる知恵はわからなくても、人を笑わせ、心和《なご》ませることができるなら、それを与えましょう。すべてを素直に懸命にやり、初々しさを与えましょう。

それができるようになったら、目の前の人だけを笑わせるのか、世の中のみんなを笑わせるのか、スケールを考えましょう。与えるスケールを大きくすれば、返ってくるものも大きくなります。もしかすると、それが成長ということかもしれません。

○自分がほしいものは、まず人に与えましょう。
○ささやかでも自分が与えられるものを見つけ、すぐ取り出せるようにしておきましょう。

基本条件は孤独

三人以上、人が集まるところに、僕はなるべく行きません。

パーティのたぐいも断りますし、誘われても、飲み会や食事会は遠慮します。すこぶる「つきあいが悪い人間」というわけです。

体質的にアルコールを受け付けないとか、早寝早起きという自分のリズムを守りたいといった理由もあります。おだやかな晩ごはんを家族といただき、本を読んだり考えごとをして一人で過ごし、特別なこともなく静かに眠りにつく夜が多いのです。

しかしつきあいが悪い本質的な理由は、もともと社交的ではなく、大勢の人と会うのが苦手だから。さらに言えば、人間が生きる基本条件は孤独だと思っているから。

人は人とかかわりあって生きていきますが、恋人だろうと家族だろうと、一〇

○パーセントぴったり、一つになってはいないものです。何を考えるかで行動も生き方も決まりますが、思考というのは、誰かと一緒にはできません。

感じる、思う、考える、選ぶ、決める——人生の根っことなるこうしたことは、一人でしかできない。この事実を、潔く認めねばならないと思うのです。

だから僕は、孤独であることを基本条件として受け入れています。

孤独を誤魔化すために意味もなく人と会ったり、仲間と騒いだりはしません。そのぶん、一人で考えたり、独学をして、なんとか望むような方向に歩いていきたいと願っています。

もちろん、一人でいることが心地よい僕にとっても、孤独はいつも味方ではありません。寂しい、怖い、心細いといった恐怖心に囚《とら》われることもしばしばです。

とくに仕事は、孤独との戦いのようなもの。一対一〇〇で世界と対峙《たいじ》する覚悟がなければ、思ったようなものは作り上げられません。

たとえ、たった一人で批判や反対意見を浴びるとしても、ひるまずに受け止めなければいけない場面もあります。みんなの気持ちを慮《おもんぱか》って意見を聞き、和気あいあいと話し合って良い企画が形になるなど、現実にはありえない話です。

だから僕は、「一人でがんばらなければいけないとは、なんて自分は不幸だろう」などと悲劇の主人公みたいに思ったりしないのです。人は孤独であらねばならないと承知し、そのうえでどう孤独と向き合うかを考えたいのです。

この姿勢は仕事だけでなく、暮らしのすべてに共通しています。

「寂しさや孤独をどうとらえるのか?」

これは人生に大きく影響する問いかけではないでしょうか。

僕はまた、「一人になれるか?」と自分にしばしば質問しています。

若い頃、外国で一人になったとき、孤独と真正面から向き合うことの厳しさを知り、そこから大きな学びを得ました。だから今でも「一人になれる強さと潔さを保て」と、自分に言い聞かせているのかもしれません。

時として、人といっさいのつながりを断ち、「変わったやつだ」と仲間はずれにされようと、「ずいぶんつきあいが悪いな」と批判されようと、平気で受け流す。そうすると、不思議なことにかえって本物のコミュニケーションが生まれます。言いにくいことを、お酒の入った席で言おうとお互いに思わないし、だからこそ、正面から向き合った会話の機会が持てるのです。

うわべだけの淡いつながりにすがって生きるのは、一人でいるより、もっと寂しいことではないでしょうか。

寂しさから誰かに寄りかかるとは依存であり、相手の心に寄生することです。そこからは信頼関係も、愛も友情も育ちはしません。ましてや群れて徒党を組むなど、あってはならないことです。

旅に出るなら誰かと一緒がいい、自分をよく知っている仲間に囲まれ、「安心ゾーン」で暮らしたい――。あなたにもそんな気持ちがあるかもしれませんが、勇気を出し、思い切って手放してみましょう。

こんな意見を言ったら、ひとから顰蹙《ひんしゅく》を買うのでは、うっとうしく思われるのでは――。そんな思いで「なんでもいいです」と口にする悪い癖は、一生懸命に努力して直しましょう。

孤独を受け入れ、自分の意見、自分の立場を貫くこと。
軋轢《あつれき》や波風を恐れない強さを持つこと。

この姿勢が、おだやかな暮らしを守ってくれると思います。真っ暗闇のなかを、たった一人で毅然《きぜん》と歩いていく強さがあってこそ、すれ違う人とも深くかかわれるのです。

○たまには思い切って一人で旅をしましょう。違う景色が見えてきます。
○なんとなく参加する集まりを、一つ減らしましょう。断る勇気も大切です。

自分のデザイン

ごく普通の人間であり、決して力持ちのゾウなんかじゃないのに、何トンもの荷物を抱えてはいけません。

いったい、自分はどれだけの荷物を持てるか、キャパシティを知っておくことは、とても大切です。

たとえば人づきあいの量。所有するモノの量。仕事の量。

むやみに多くの人とかかわって関係がおざなりになってはいけないし、管理しきれないほどモノを持つのはやめようと前述しました。

仕事についても同様で、自分を決して壊れない機械みたいに扱ってはいけません。

たとえば、自分には一五〇〇ccのエンジンしかないのに、二〇〇〇ccと同じスピードが出ると思ってあれこれやれば、心も体も無理を重ねて、病気になってしまいます。会社や人を責める前に、キャパシティを把握して自己管理できていたかどうか、もう一度、確認する必要があるのではないでしょうか。

そもそも人は、求められる生き物です。

会社はたくさんの仕事を求めてきます。家族やさまざまな人間関係も、さまざまな役割を求めてきます。いろいろな意味で、無理な要求というのは、誰にでも日々たくさん降りかかってくるものです。

それにどう応えるか、応えないか——正しい判断をすることが、自分の暮らしと相手を守ることにつながります。

日ごろから自分を観察し、自分のデザインを知っておきましょう。そうすればキャパシティもわかり、無理をすることもなくなります。自分の体のデザインや能力のデザインを、冷静に観察し、きちんと理解しておくのです。

僕がよくやる訓練は、鏡をじっくりと見ること。顔つきや体つきには健康状態や心模様も表れます。

自分のデザインを観察した結果、僕は「過剰にしない」というのが合っているという結論にたどりつきました。食事は腹八分目がいいといいますが、眠りや仕事や人間関係、すべてを腹八分目にしようと決めると、暮らしやすくなりました。

暴飲暴食はしない。睡眠時間を削るほど働かず、過剰に眠らない。いくら楽しくても、遊びはほどほどで切り上げる。

この秩序が、僕というデザインにいちばん合った暮らしを整えてくれます。ときどき時間を取って、自分のデザインを知りましょう。あなたにぴたりと合った、秩序を見つけ出しましょう。

○二十代できく無理が、三十代、四十代ではきかなくなります。自分のデザインも変化するのです。
○顔だけでなく、全身が映る鏡を用意して、ときどき自分のデザインをチェックしましょう。

自分の使い道

「やりたいことを、やらせてもらえない」と口を尖《とが》らせるのは、子どもだけではないのです。大人が漏らす不満や愚痴が、世界のあちこちにこぼれています。

「成長できるチャンスが巡ってこない」などと言う人もいます。

しかし、仕事でも人生全般でも、やりがいがあって成長できる、自分にぴったりの役割が巡ってくるなんてことは、起きる道理がありません。

なぜなら、人から「これをしなさい、あれをしなさい」と言われたことが、あなたにぴたりと合うという可能性は、とても低くて当然だから。

そもそも、チャンスを待っているとは、自分を完璧にコントロールしてくれる誰かを待っているということです。そんな「待ち時間」が、楽しいわけがありません。

だからといって、「私は○○がしたいのです」と、自分から主張すれば良いというわけではありません。

「したいこと」と「本当にできて、役に立つこと」は違います。

「あれがしたい」と憧れていても、実は好きではないことはたくさんあります。

「これがしたい」と思ったことでも、向いていないこともあります。

だからまずは、自分を道具と見なしましょう。

「やりたいこと」という意思など持たぬ、単なる道具として、他人事のようなしずかな目で、自分自身を見据えるのです。

たとえば自分は、フライパンなのか、まな板なのか、土鍋なのか――。

つぶさに観察し、自分のことをできる限り正しく理解しましょう。

そのためには、家族、会社、地域、社会、すべての人間とのかかわりのなかで、自分という道具はどう役に立ち、何に貢献できるかを考えてみるといいのです。

フライパンが華やかで格好よさそうに思えても、自分という道具が土鍋であれば、フライパンの役目をしようとしてはなりません。

人から「包丁をやれ」と命じられても、自分という道具が菜箸であれば、包丁になろうとしてはいけません。
使い道を間違えた道具は、なんの役にも立たないうえ、無理を続けたら道具そのものが壊れてしまいます。
道具となった自分が、「これならお役に立てますよ」というものを見つける。これが本当の意味での自己主張だと僕は考えているのです。
もちろん、ごはんも炊ければ、みんなで水炊きもできる土鍋のごとく、自分という道具の使い道は一つではありません。

「包丁の役割もできれば、まな板の役割もできる」という人もいるでしょう。

暮らしや仕事、置かれているのがどの場であるかによっても、どんな道具かは変わります。また、すべての人は「ゴールの途中」なので、時の経過とともに、かつて玉杓子《たまじやくし》だった人がオープンに変わることだってあるでしょう。

やりたいことより、役立つこと。

どうかなるべくポジティブに、道具の使い道を考えましょう。

○よく観察し、よく考え、ていねいに行う。これに勝るプロセスはありません。
○自分という道具を選んでもらえるように、手入れをおこたらずにいましょう。

「それなり」を捨てる

たいそう忙しい日というのは、誰にでもあります。

たとえば資料をつくる締め切りだ、あるいは今日のうちに大量の洗濯をし、衣替えを済ませてしまいたいという具合です。

そんなとき、あなたはおそらく目の前の「いちばん忙しいこと」に集中するでしょう。何よりそれを優先し、ほかのことは、それなりに済ませます。

無我夢中でパソコンにデータを入力していたら、同僚が困った顔で話しかけてきても、適当に返事をし、それなりに済ませる。集中して衣服の整理をしていたら、子どもが何か尋ねてきても上の空で、それなりに答える。はたしてそれでいいのでしょうか。

「無視していないだけ、ましだ」と思うかもしれません。それなりに済ませても、大きな影響は出ないように見えます。

しかし、あなたにとって、資料づくりと一緒に働く人はどちらが大切でしょう？

あなたにとって、衣替えは子どもよりも優先すべきことなのでしょうか？

忙しいときほど、本当に大切なことは何か優先順位を見つめなおすクセをつけないと、だんだん恐ろしいことになります。それなりの積み重ねにじわじわと蝕《むしば》まれ、知らないうちに世界まで変わってしまうのです。

いっそ、仕事に夢中で同僚とトラブルが起きたり、相手をしてもらえない子どもが泣いたりするほうがまだいいと僕は思います。なぜなら、そこで立ち止まり、「ちょっとまずいな」と困ることができるから。

それなりにこなしていると、表面はなだらかなまま、内側が蝕まれていくのが怖いのです。

たとえばカウブックスでも、忙しいときにスタッフが、下を向いたままお客さまにあいさつしていたことがありました。

「いらっしゃいませ、ありがとうございます」

言葉にはしていますが、それはあいさつではなく、ただの「声」。それなりでいいのなら、声を出しただけでよしとなるのでしょうが、僕たちの理想とするお店のあいさつは、そんなおざなりなものではないはずでした。

仮にまったくあいさつをしなければ、接客態度がよくないということが露呈しますが、口でそれなりに唱えていると、あやまちが曖昧になってしまいます。

人は毎日に流されます。いちばん大切なことは何かを忘れずにいるのは難しいから、僕はときどき立ち止まり、どうすればいいのかを考えています。

「それなり」をやめるためには、一度、流れをせきとめるといいのです。

カウブックスの場合、みんなで働き方について話し合いました。

お店にとっていちばん大切なのは、商品整理をするといった自分たちの都合ではなく、お客さまが本と出合える場所をつくり、おもてなしをすることだというのが結論。

そこで、忙しいなかでどうおもてなしをしようか、一生懸命に考えて試してみました。そうやって働いているうちに、一つ、それなりを捨てることができたのです。

家庭でも職場でも同じだと思います。本当に大切なことを、それなりで済ませていないか、ときどき点検しましょう。人との関係のほとんどは話し合いで解決できますから、一緒に立ち止まるといいでしょう。

○大切なことをルーティンで流していないか、見直しをしましょう。
○ごく普通のことでもきちんとやれば、特別なことになります。

欲張らないルール

何かわけ与えられるとき、二つにするか、一つにするか？　そんな場面は、しばしばあります。

たとえば、おいしそうなまんじゅうがあるとします。二つもらうこともできるし、一つでもいいというとき、僕はできる限り、一つにしておこうと心がけています。本当にほしくもないものにまで欲を出すと、バチが当たる気がします。

同じ理由で、僕は「ついでにちょっと」というのを、自分に禁じています。具体的な話をすれば、雑誌の取材で海外に行く際、ついでに別の用をこなすこともできます。僕の仕事は、いくつかの種類に分かれていますから、堅苦しく考えなくてもとばかりに、こんなふうに言う人もいるのです。

「取材といっても、朝から晩まで休みなくじゃないでしょう。アメリカに行くんだったら、ついでに書店に寄って古書の仕入れをすればいいじゃないですか」

しかし取材であれば、その出版社のお金で、その出版社の目的のために行っているのです。たとえ時間があり余っていても、「ついでにちょっと」と自分の利益になる別の仕事をしてしまうなど、ありえないことだと思います。

このケースで言えば、本屋にはいっさい足を踏み入れずに帰国する――これが僕の欲張らない姿勢であり、清潔さを保つ努力でもあるのです。

僕自身の例を出しましたが、普段の生活のなかには、似たようなことはたくさんあると思います。たとえば、急ぎの仕事で必要だからではなく、自分が疲れていたから乗ってしまったタクシー代を会社に請求してしまう。あるいは、町内会の募金活動で集めたお金のうちから、活動者の慰労のための缶ジュース代を出してしまう。

一つ一つは小さなことですが、これが積み重なるように欲張りになっていくと、品格にすら影響するかもしれません。

同じように、まんじゅうに大勢の人が手を伸ばしていたら、自分はいちばん最後にしたいと僕は思います。人を押しのけて欲張っても、いいことなんて訪れません。
逆に言えば、そこまでしてやりたいことなど、滅多にないと思うのです。
○公私のけじめがきちんとついているか。自分を厳しく律しましょう。
○欲張らずに人に譲る。そうすれば本当にほしいものは手に入ります。

心の中のテーブル

自分にちょうどいい、小さな机。

僕の心の中には、そんな机がありました。

飾り気はなくて、でも座り心地のいい椅子がある机。

そこに向かっていれば、ものごとに集中して、一人きりで考えられる机。

考えるという行為だけにひたすら意識を向けるために、心の中に用意された「自分だけの場所」。それが僕にとっては、心の中に置いた小さな机でした。

ところが最近、心の中に家具が増えました。誰もが席に着ける大きなテーブルをひとつ、置いてみたのです。それは僕が今、人と一緒に働き、人と共に生きていくことを、学びつつあるから。いつでも誰かと腰を下ろしてきちんと向き合える、そんな場所を用意しておきたいと心に決めたからです。

一緒に働く仲間や友だちや大切な家族なのに、何かをしながらの「ながら」でしか話さないのは、わびしいことです。つねに通りすがりや立ち話で気持ちをやり取りするのは、あまりにも寂しいことです。

たとえ実際には立ったまま話していても、心の中では大きなテーブルに二人で向き合っているように、ていねいに話したい。そう思ったから僕は、心の中にみんなと何かを分かち合うためのテーブルをすえつけたということです。まあ、ゆっくり座って話そうよ、という思い。

テーブルは二人だけで使うとは限りません。人が集まって、わいわいがやがやできるような大きさにしてあります。知らない人でも、気が向けばやってきて腰を下ろして話せるように、いくつか椅子も置きました。

ある人はそこで本を読み、子どもはそこで宿題を広げ、おばあさんは横っちょで豆のすじをとっていてもいいような、とても大きなテーブル。

若くて何ももっていなかった頃、外国をさまよっていた僕は、そんな大きなテーブルに迎えられた経験があります。トランプをしている人も、雑誌を読んでいる人も、お酒を酌み交わしている人もいる、大きなテーブル。

その一角に腰を下ろし、自分をいつでも受け入れてくれる場所があると知ったことは、一人だった僕にとって大きな驚きであり、ほっとする心地よさでした。

カウブックスをつくったとき、古書店でありながら、本棚をどうするかよりもテーブルをどうしようかと最初に考えたのも、その影響だと思います。別に何か話すわけではなくても、ちょっと足を休めているお客さんたちが、知らない同士なりに一体感を感じられたらすてきだと考えました。

心の中にテーブルを置いてから、仕事相手にしろ、家族にしろ、友だちにしろ、人と向き合う用意ができたような気がしています。

いつでも誰でも座っていい場所、じっくりと話せる場所を心の中に用意すれば、人に対してやさしくなれるとも感じます。

もちろん、自分だけの小さな机も大切にとってありますし、そこにこもって孤独に考えることは、僕にとってかけがえのない大切な時間です。その机は永遠に一人用であって、共有しようとも思いません。

それでも同時にテーブルを置いたのは、僕が、一人部屋以外のリビングが必要な大人になったからかもしれません。

○他人としっかり向き合うために、一人の時間を作りましょう。
○心の中にその「余白」を用意していますか?

約束の本当の意味

約束の目的は、守ることではありません。

約束とは、人を喜ばせることです。

「月曜日までに、書類を出す」

こう約束したとき、月曜日の夕方ぎりぎりに、間に合わせの書類を何とか出したのでは、約束を守ったうちには入りません。

「締め切り」や「期限」ととらえてしまえば、その日のうちに決めたことを果たせばいいとなりますが、「約束」だととらえたら、相手を喜ばせなければならないのです。

その人が喜ぶとは、その人の役に立つこと。

もしも相手が月曜中に書類を必要とするならば、午前中に、しかもクオリティが高いものを出す。これが相手の役に立つこと、約束を守ることです。

締め切りを守るというのは「やらされ感」がありますが、相手を喜ばせる約束であれば、行動が「自分発」になります。

書類一式、伝票一枚、どうすれば相手が喜ぶかを考えてまわしていけば、仕事は円滑に進むし、雰囲気もぐっと和むでしょう。たった一枚のメモでも相手を喜ばせたいという気持ちで添えれば、添えた自分までうれしくなるものです。

仕事に限った話ではありません。

家庭で「毎朝、おはようと言おうね」と約束をしたとします。

しかし、顔も見ないで「おはよう」と口のなかでモゴモゴつぶやくのでは、約束を果たしたことになりません。「おはようって言ったよ。言ったからいいじゃない」という態度では、相手は喜びませんし、あいさつの意味もなさないのです。

単純なことですが、言葉の定義を変えるだけで思いやりがあふれ、みんなが生き生きします。

「約束は、相手を喜ばせること」と覚えておくべきです。

○約束とは自分から相手にするものです。
○自分がうれしいことは人にも与えましょう。

生かしどころがある約束

約束とは、あいまいさがないものです。真剣であるほど、「絶対に守ってほしい」という思いで約束をかわします。そんな強いものであるからこそ、どこかに相手の逃げ場を残した約束にしましょう。

その約束がどれだけ大切でも、言うことを聞かせるような物言いをしてはいけません。相手が友だちや仕事の仲間、大切な人ならなおさらです。相手が約束を守り、自分の思い通りになったとしても、それで追い詰めてしまったら何のための約束かわからなくなります。

約束するときは、おたがいが納得する妥協点を見つけておく。そのためにまずは、約束に相手の逃げ場がふくまれているかどうかイメージしてみましょう。

さて、個人ですると約束ですが、仕事であれば契約になります。そのとき必要なのは「生かしどころ」です。

契約はお金が絡み、約束よりもっと厳しいものとなります。たとえば同じような会社のうち、どこと契約するかとなると、「いちばん値段が安くて、納期についても無理を聞いてくれるところ」という基準で選ぶ人がいます。

自分側の都合だけで考えれば妥当な判断かもしれませんが、そんな契約では、相手は無理をしているかもしれません。しわ寄せを全部押し付けるような契約を強制したのでは、長続きする取引はできません。我慢したあげく、相手が潰れてしまう危険もあります。

フェアでない契約から、パートナーシップなど生まれません。逆にこちらが困ったときは、あっさりと契約を打ち切られることでしょう。

こちらが納得でき、かつ相手にもメリットや「生かしどころ」がある契約をすれば、信頼関係が生まれます。トラブルが生じたとき、ノーと言わずに手を差し伸べてくれる相手をたくさんつくれば、会社がしっかりします。今は自分たちが強い立場であっても、それがいつ逆転するのかわからない時代にはとくにそうです。

　僕は、仕事で関わる人すべてと、家族のような関係になるのが理想だと思っています。だから取引先に要求をするときには、こんな自問をしています。

「この人が自分の妹でも、僕はこんな無理な取引条件を押し付けるだろうか？」

　答えがノーなら、その条件は間違っているということです。

　会社対会社に限らず、上司と部下、先輩と後輩、プライベートのサークルで何かの役員を一緒にやる場合でも、相手だけに負担を強いてはいけません。

　人と人との関係は、シーソーのごとく、いつも

角度を変えていきます。自分が言われたら困るようなことを、相手に強いてはいけない――ごくあたりまえですが、しばしば忘れてしまうルールです。

逃げ場と生かしどころというクッションは、相手を救うだけでなく、結局はまわりまわって、あなた自身も助けてくれます。

○フェアとは、気持ちよく何かを判断するための基準になります。
○相手を追い詰めてイエスと言わせても、そこに愛情はありません。

待たせない

もしかすると、「好き」という気持ちよりも、大切だと思うのです。

それは、相手を信じ、自分も信じてもらうこと。

信頼は、人と人がつながるために、なくてはならないものです。

なぜなら人間関係は複雑で、トラブルがつねに起こります。思いがけない出来事に立て続けに見舞われたとき、おたがいを結びつけているのが「好き」という気持ちだけでは、あっさり崩れ落ちてしまいます。「好き」というのは自然で美しい気持ちですが、万能かといえば、すこし違う気がするのです。

「お互い好意をもっている相手とだけ、つきあえばいい」

そんな世界はどこにもありません。仮にあったとしても、ちっぽけで狭い、つまらない世界でしょう。

また、いくら好きな者同士でも、災難に見舞われたとき、意見が対立したとき、「好き」だけでは乗り越えられないことも、たくさんあります。

多少、タイプの違う相手とも、かかわっていく。

考え方や価値観の違う相手とも、つきあっていく。

そうしてこそ、僕たちは成長できるはずだし、違う自分になれるのではないでしょうか。


「自分は、どういう人を信頼しているのだろうか？」

改めて考えてみると、二つの答えが浮かんできます。

一つは、逃げない人。

仕事でもプライベートでも、大きくても、小さくても、トラブルは日常的に起きます。大切なのは、トラブルが起きるかどうかではなく、どのように立ち向かうか。なにかしらトラブルが起きたとき決して責任転嫁しない人を、僕は信頼しています。

失敗を、「私のせいです」と敢然と受け止められる人。ミスの重みにしゃがみこんでしまうことなく、どうすればいいかを顔を上げて考えられる人。そんな人は、好きや嫌いを超えて、信じられます。

だから自分も、ごまかしたり、取り繕《つくろ》ったり、逃げたりしない人でありたいと、いつも心に誓っています。逆にいえば、失敗やアクシデントから逃げないことは、信頼される人になるための最良の道ということです。

信頼している人の二つ目は、待たせない人。

人間関係の基本は、約束を守ることです。それは大原則として、ずっと胸に抱いていなければなりません。

それでも、待ってもらわなくてはならないときはあります。

たとえば「絶対に、一週間後に間に合います。大丈夫です」と引き受けた仕事でも、取りかかったら思いどおりに進まないこともあります。不意の出来事で目論見が狂ったりするのも、よくあることです。

ぎりぎりまで「約束を守ろう」と精一杯がんばったとしても、一週間後に「できませんでした」と言うのは論外でしょう。約束を守れなかったうえ、一週間ずっと相手を待たせたことになります。さらに、いつできるかもわからなければ、相手をもっと待たせてしまいます。

たとえ一度でもこんなことをした相手を信じるのは、たいそう難しいことです。

「大丈夫かな、また遅れるんじゃないかな?」と、相手を心配させるようでは、信頼される道理がありません。

しかし、仕事に着手して三日目で、正直に話したらどうでしょう。

「すみません、思ったよりも難しくて、あと一週間かかりそうです」

このように途中で報告した時点で、相手は待たずに済みます。もっと簡単にいえば、待ち合わせが十二時だとしても、十時の時点で「申し訳ないけれど、午後一時に変更してください」と伝えれば、相手は待たなくても済むということです。

何か共同で行っていることについて途中で状況を話せば、いずれ信頼される人になれます。相手はいちいち聞かなくても、どうなっているかが把握できて、安心するでしょう。

待たせるとはまた、相手を状況もわからないまま宙ぶらりんにし、不安にさせることです。その意味では、家族や親しい人へのちょっとした返事でも、待たせてはいけません。

「今度の日曜日、みんなでどこかへ出かけない？」

こんなふうに尋ねられたとき、あなたはすぐに答えているでしょうか？

「新しい映画を観に行こうか？」

友人や同僚からの何気ない誘いでも、曖昧にしていないでしょうか？

「今度の日曜日ね……」

そう答えてイエス・ノーを口にしなければ、相手を待たせることになります。

たとえ子どもからの誘いであっても、待たせてはいけません。

「うん、行こう！」と答えられればいちばんですが、「このところたくさん仕事があって疲れているから、出かけるのは今度にしよう」と即座に断るのも一つの答えです。

きちんとノーを言うこと。これは、「もしかしたら、どこかに行けるかも？」と期待させて待たせるより、よほど正しいふるまいだと僕は思います。

「映画か。いいね、どうしようかな」と曖昧な返事で引っ張ることを繰り返す相手を、何度も誘おうと思う人はなかなかいません。

待たせることが続けば、すくった砂が指のあいだからこぼれていくように、親しい人との間でも信頼は失われてしまいます。

はっきり答える、ごまかさないというのは、「逃げないこと」に、どこかでつながっている気がします。

いつも待たせず、いざというとき逃げない人。

僕はこんな人になりたいし、こんな人とつながっていたいと願っています。

○失敗やトラブルから逃げないことは、信頼される人になるための最良の道です。

○待たせない。それは、いつも相手の時間を思いやることです。

いさぎよく謝る

間違うことのない人はいません。失敗しない人もいません。慎重に考え、一生懸命にやっても、ミスが起きることはしょっちゅうあります。

仕事のうえでも、家族とのかかわりや友だちづきあいでも、僕たちはいくつもの過ちをおかします。そのとき大切なのは、間違いを認めること。過ちは過ちとして受け入れ、いさぎよく謝ることです。

悪気があろうとなかろうと、まわりの人に迷惑をかけたことは確かなのですから、まず詫びるのは当然のことです。

「ごめんなさい」と言える素直さがあれば、やり直すこともできるし、きちんとした反省ができるし、再出発も早まります。

いけないのは失敗することではなく、失敗を認めないこと。たいていのミスや

間違いというのは、誰の目からも明らかなものです。それなのに、どうにかして言い繕う方法を探したり、小細工を弄《ろう》して誤魔化したりすると、結局は大きな後悔につながります。

後悔とは、あとになってから取り返しのつかないことを悔やむことだと思います。謝ればいくらでも取り返しがつく小さなミスでも、意地を張って「自分が正しい」と言ってしまえば、被害は大きくなるでしょう。

過ちを認めるとは、聞く耳を持つということでもあります。失敗の原因を自分だけでなくまわりの人からも学べば、正しい判断をする精度があがり、間違いをおかしにくくなります。

さらに失敗の背景をきちんと分析する素直さがあれば、その過ちからたくさんのことを学べると思います。

○間違えた、と思ったら、素直になって、すぐに謝りましょう。
○間違いを認め、過ちを正すことから人は成長するのです。

さかさまに考える

暮らしのなかでも仕事でも、僕たちはいつも答えを出します。

「この状況で考えたら、これがベスト」

「今の自分にとっては、こうすることが一番の答え」

そうやって決めて、前に進んでいくのです。

①考える
②答えを出す
③実行する

つまり、この三つをくるくる回していくわけですが、大人になってから僕は、おまけを一つ、付け加えました。

それは、さかさまに見てみること。

「これがきっといいんだろう」と自分が出した答えは信じていますが、あえてさかさまに見て、「でも、絶対という答えじゃないな」と考えるのです。

Aという方法を実行しながら、同時にまったくさかさまから見て、Bという方法も考えておく。そうすると、「なるほど、Aがいいと決めたけれど、Bもありだな」と思えます。

この習慣が自然とできてから、僕はずいぶん考える角度が広がりました。同時に安心感も生まれたのです。

なぜなら、Aという方法がうまくいかなかったとしても、Bというオプションが用意できているのですから。

「答えは一つしかない」という言葉は、いさぎよく、きっぱりと響きますが、うまくいかなかったときのダメージは、計り知れません。

「どうしたらいいのだろう？」と途方に暮れ、がっかりしてしまいます。

一方で、さかさまに見る習慣があれば、ゆとりが生まれます。自分とまったく逆の答えも認めるということですから、人に対して寛容にもなれるのです。

○自分の出した答えは信じることが大切です。でもそれは絶対ではありません。
○さかさまに見てみる、別の答えも用意しておくことでゆとりが生まれます。

時間をつくる

「今、自分は蚊帳《かや》の外に置かれているのかな？」

こんな気持ちになったことは、ないでしょうか。

コミュニケーションが足りなくなると、人は淋しくなります。取り残されたような気持ちになります。個人差はありますが、誰も説明してくれず、よくわからない状況に置かれたとき、不安になるのはよくあることです。

逆の立場で、誰かを蚊帳の外に置いてしまうこともあります。つまり、忙しくて自分のことで精一杯だと、家族や友人、恋人とのコミュニケーションがおろそかになり、相手を不安にさせてしまうということ。

職場であっても、自分が抱えている仕事に夢中になるあまり、周りの人とのコミュニケーションをなおざりにすると、「何を一人で忙しがっているんだ？」と思われ、関係が遠のいていきます。

忙しさは、人とのかかわりを怠る言いわけにはなりません。どんなに忙しくても、それを理由に不問に付されることなどない、僕はそう思います。

だから忙しくなりすぎぬよう、自己管理しなくてはいけない。仕事や暮らしのバランスをとらなくてはいけない。

万が一、忙しさの犠牲になるとしたら、自分一人にとどめるべきです。絶対に大切な人たちを巻きこんではなりません。

僕もいつも「バランス、バランス」と念じていますが、実際のところ、とても難しいことです。


忙しいときは意識的に、コミュニケーションの時間をとりましょう。

とても忙しいさなかに五分でも時間があいたら、僕はスタッフとおしゃべりをします。五分、十分というのは新聞を読んでいてもすぐに終わってしまう時間ですが、「コミュニケーションをとる」と決めれば、できることはいろいろあります。

予定外に仕事が一時間早く終わったら、次の仕事をやっつけてしまおうとせず、家に帰ったりもします。あいた一時間で家族とコミュニケーションをとるほうが、一時間ぶん仕事をすすめるより、はるかに大切だと信じているからです。昼間のミーティングがキャンセルになったら、友だちに会いにいくこともあります。

つまり、いくら忙しくても、どこかしらに隙間時間はあるということ。

仕事というのは油断すると、隙間時間にまでするりと忍び込んでくるということ。

だからくれぐれも用心して、大事な人とのコミュニケーションのために、隙間時間を大事に遣うようにしましょう。

仕事場でのおしゃべりも、家族や友人との語らいも、雑談だけではちょっと薄いようです。コミュニケーションが十分でないとき、相手は不安になっているのですから、それを取り除く努力は欠かせません。

僕の場合は、日常生活での小さな約束、話し合ったこと、相手が言いかけていたことについて、話すようにしています。

「○○さん、この間の件だけど、五分くらい話さない？」

こうすれば、「忙しいなかでも自分とのやりとりを憶《おぼ》えてくれている」と、相手は安心します。「今度ね」「考えておく」と言ったまま、宙ぶらりんにすることもありません。

これは家族でも友人でも同じだと思います。

この際、全部の話を憶えていられればいいのですが、忙しくて忘れてしまうこともあります。そんなときは正直に相手に聞きます。いちいちメモをするのでなく頭の中に置いておいて、忘れたときは素直に「忘れた」と言うほうが自然だと思っているからです。

肝心なのは、「置きざりにした会話」を放っておかないこと。忘れていそうだと思ったら、まずは相手にたずねましょう。

「この間、大事な話をした気がするんだけど、なんだっけ？」

「話しかけて、そのままになっていたこと、あったよね？」

すると、「そう、○○の話をしたよ」と教えてくれるので大丈夫。話の内容も大切ですが、「あなたを忘れていません、気にしています」という気持ちが伝われば、コミュニケーションは果たせたことになります。

「べつに大事な話なんてしてないよ」と言われたら、それはそれで自分が安心できるものです。

○忙しいときこそ、意識的にコミュニケーションの時間をとりましょう。
○大事な人とのコミュニケーションのために、隙間時間を大事に遣いましょう。

不満を言わない

自分の気持ちを言葉にするのは、大切なことです。

ことにネガティブな感情であれば、表に出すことで、心にわだかまっていたもやもやが消えることもあります。

それでも、ほどほどにしておいたほうがいいでしょう。ことあるごとに不満を口にする人と一緒にいて、「ああ、楽しい」と思う相手など、いやしないのですから。


友だちとカフェでお茶を飲んでいるだけでも、不満をいくつも並べる人がいます。

「冷房が効きすぎる、注文を取りにくるのが遅い、お菓子が甘い、コーヒーが薄い」

もし、全部がそのとおりだとしても、いちいち不満を言ったら、カフェでのひとときは、ずいぶん不愉快なものになるはずです。自分の感情を遠慮なくぶちまけることで、場を乱してしまうのです。

もしかすると一緒にカフェにいる別の人は、「空調はちょうどいいし、お菓子もコーヒーもおいしい。注文を取りにくるのが遅い？　話に夢中で気がつかなかったな」と思っているかもしれません。

自分一人の都合で不満の雨を降らせ、周りのみんなをびしょぬれにする権利など、誰にもないと僕は思います。

不満を言う人の厄介な点は、あらゆる状況に不満のタネを見つけ出すこと。

仕事でもプライベートでも、最初のうちは状況や条件についてあれこれあげつらいますが、やがて「犯人探し」が始まります。

「○○さんがああだから、うまくいかない」と、最終的には誰か一人の責任にし、その人を追いつめなければ気が済まなくなるようです。

人のせいにすると、不満攻撃はさらに激しさを増します。ターゲットが決まったので、あれこれ言いやすくなるのでしょう。

人のせいにするとは、自分ではなにもできなくなることでもあります。「今、私が苦労しているのは、○○さんのせいだ」と言ったとたん、主導権は○○さんに移ります。すなわち、自分が状況を変えようとしても、変えられなくなってしまうということ。被害者意識を振りかざすと話し合いもできないので、不満のもとの解決もおぼつかなくなります。

こうして考えていくと、不満はストレス発散どころか、自分も相手も蝕む毒にしかならないものかもしれません。

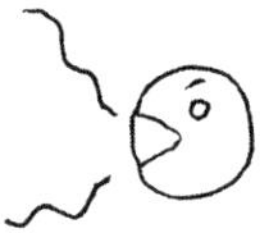

不満というのは非常に個人的な感情です。個人的でしかもネガティブなことは、社会のなかで大人が言うべきではないと僕は思います。

なにか不満を感じたら、ぐっと口を閉ざしましょう。ぶつぶつ言ってすっきりする前に、自分を振り返ってみましょう。

「不満を並べ立てられるほど、自分は完璧なのか？」

自問してみてイエスと即答できる人は、そんなにいないだろうと思います。

不満を言わぬように自分を律する。

これはなかなか難しいことですが、自分を甘やかして生じる毒から、自分を守る方法でもあります。

○ことあるごとに不満を口にする人と一緒にいて、楽しいと思う相手はいません。
○うまくいかないことを人のせいにすると、自分ではなにもできなくなります。

意見は違ってあたりまえ

じっくり比べてみたならば、右手と左手は違います。指のかたち。爪の大きさ。関節の太さや、しなり具合。自分の手ですら違うのですから、人がみんな違うのは自然なこと。意見が違う、合わない、というのも当然のことです。

家族だから、同じコミュニティに属しているから、友だちだから、恋人だから、同じ会社で一緒に働く者同士だから。たったそれだけの理由でみんなの意見が一致するなど、あり得ない話だと思います。

「私はこう思うんだけど、あなたも同じだよね？」

たびたび確かめて安心したくなる気持ちはわかりますが、あまり意味がないと思います。

「えっ、あなたは〇〇だと思わないの？」

自分一人だけが、意見の違いを指摘されたとしても、気にする必要はさらさらないと感じます。

無理に合わせるほうが不誠実だし、関係を歪ませてしまいます。

「人はみな違うし、意見も違う」

この前提をつくってしまうほうが、コミュニケーションはうまくいきます。意見が食い違ったとき、一大事のごとくあわてふためかずとも済むのです。

注意したいのは、たとえ意見が対立しても、そのことで相手を嫌ってはならないということ。くれぐれも過剰反応してはいけません。その人の意見と人格はわけて考えれば、過ちを防ぐことができるでしょう。

それでも、恒常的に意見が対立する人もいます。たとえば会社の組合と管理側、企画と営業など。いつも深刻とは限りませんが、しばしば敵と味方に分かれます。

しかし、組合と管理側も、企画と営業もそもそも同じ会社の人間です。いっとき敵・味方に分かれたとしても、相手の存在をゼロにすることはできません。

「あまり仲はよくないけれど、断ち切れない関係」

人と人とのつながりには、こうした関係もあります。

会社に限らず、いつも意見がぶつかる人がいれば、理解できなくてもよく相手の話を聞きましょう。同調しなくてもかまいません。「やっぱり違う」と思ってもいいのです。ただ、相手を一人の人間として尊重するようにしましょう。

僕たちは、人のつながりの網目の中で生かされているのですから、倒れたときとっさに頼る相手は、その「敵」だけということも、あり得ます。

「きみは敵だから、倒れようとどうしようとかまわない」と放っておかれるのか。

「意見は合わないし、好きではないけれど、きみの人間性は認めている」ということで、手を差し伸べてもらえるのか。

それは普段から、どれだけ相手を尊重しているか、相手に尊重されているかにかかっています。仲良しではなく、気も合わないけれど、つきあいは続けていく。そんな間柄を受け入れるのも、大人の知恵だと思います。

○人はみな違うし、意見も違う、この前提をつくってしまったほうがうまくいきます。

○意見は合わないし、好きではないけれど、受け入れる。これは、大人の知恵です。

支配しない

「釘をさす」という言葉があります。

くれぐれも、と念を押すことを意味する言葉ですが、これはほとんど、「余計な一言」だと感じています。

待ち合わせに遅れたことがある人に対して、「遅れないように」。

忘れ物が多い相手に対して、「絶対に忘れないで」。

多くのケースで釘をさす側は、無意識に相手をコントロールしようとしています。

遅れることがないように、相手をコントロールする。

忘れ物をしないように、相手をコントロールする。

正当なように見えて、人を支配したい気持ちが隠れている、それが釘をさす言葉のおそろしさです。

その証拠に、釘をさされた相手は、あまりいい気持ちがしません。釘をさす言葉は、相手の弱点や短所を指摘することが多いものです。いくら遠回しに笑いながら言っても、言われたほうはちくっと痛みを感じているでしょう。

「言葉の暴力」までいかなくても、言葉でつねるような行為。いくら小さくても、いったんちくっと感じた相手は、あなたから距離をとります。いったん距離をとったら、もとの近さに戻ることは難しいものです。

また、何回も何回も同じ注意を繰り返すと、単に「うるさい」と思われてしまいます。相手のためを思って言っていたとしても、それはまったく伝わりません。

「そうはいっても、同じ間違いをしないように言ってあげてるんですよ」

こんな反論が返ってくるかもしれませんが、はたして釘をさしたくらいで、弱点や癖がなおるものでしょうか？

普段の愛情不足で気持ちが伝わらなくなっているから、相手は遅れてきたり、忘れたりするのです。愛が足りないところに、ちくりと傷つけるふるまいをしたら、逆効果そのものだと僕は思います。

釘をさすに限らず、口出しとは相手を支配しようとする態度であり、くれぐれも慎まなければなりません。

もし、あなたが車を運転しているとして、助手席の友人が事細かに指示したらどうでしょう。

「あ、次は右で、その先の信号を直進ね。信号の気持ち手前で減速して。そうそう、今はもうちょっとスピード出してくれる？」

よくわかっている道だったらもちろんのこと、たとえ初めての道でも、あなたは間違いなくイライラするはずです。運転初心者だったとしても、助手席の人がささやくのがあまりに細かい指示だと、「まったく信用されていない」とか「道具扱いされている」と憤《いきどお》りを感じるでしょう。

車のドライバーにはプロフェッショナルもベテランもいますが、生きていくというドライブにおいて、僕たちは年齢を重ねていようといまいと同じ立場です。

あなたがあなたの人生の車を運転しているのと同じく、相手は自分の車を自分で運転しています。自分の責任で道を選び、スピードを決め、走っているのです。たとえ親切心から出たものだろうと、すべての口出しは失礼なことになります。

「ああ生きなさい、こう生きなさい」

極端に言えば、口を出すとは生き方まで支配しているのと同じです。そんなことはどだい不可能なのですから、信じて愛情を注ぐほうに、自分の力を傾けたほうがよほどいい気がしています。

そもそも他力によって生かされている人間が、すべてを自分の思いどおりにできるわけがありません。「ああしたい、こうしたい」という望みが全部かなうなど、あり得ない話です。口は禍《わざわ》いの元というように、ちょっとした一言が相手を傷つけることもあるのです。

○「釘をさす」言葉の陰には、相手を支配したい気持ちが隠れています。
○相手を言葉でコントロールするのではなく、愛情を注いでみましょう。

逃げ道をつくる

相手から返事を求められたとき、「イエス・ノー」は素早くはっきり言うべきだと書きました。即答というのは、すばらしいことなのです。

しかし相手がなにかについて考えを述べたときは、そうでもない気がしています。

「私はこう思っていて、こうしたい」

仮に相手の意見が自分の考えと違っていたとしても、いきなり「それは違う」とノーをつきつけるのは、乱暴ではないかと思うのです。

「ちょっと違うだろう」と思っても、まずはじっくり聞いて、いったん受け入れる。

「へえ、そんなことに気がついたんだ。それはすごいね」と、ほめられるところを見つけて、その点はちゃんとほめる。

そのうえで、「でも、こういう考え方もあるんじゃない？」あるいは「この選択肢はどうだろう？」と自分の意見も付け加える。

このやり方だと、相手は素直な気持ちで存分に話してくれるし、自分では考えつかないアイデアも生まれます。

話し合い、意見交換、ブレーンストーミングの基本は、相手をいっさい否定しないことだと思うのです。

それでも、話し合いの先に一つのゴールがあるなら、時として「ノー」を言うことになります。

新しく買う家のソファを、ストライプにするか真っ白にするかを話し合い、最終的に決めるのがあなたの役目なら、「ストライプがいい」と言い張る子どもに「ノー」を言わなければなりません。

会社の営業プランを提案し合っていて、最終的に後輩のアイデアに対して、「実現するのは難しい」と言わざるを得ないこともあるでしょう。

その人の考えに対して「ノー」を言うときは、逃げ道をつくっておくこと。なぜなら、意見や考えやアイデアは、その人の根っこから生じていることが多いもの。それを全否定されたら、いやになってしまいます。

「いまの家にはストライプのソファは似合わないけれど、ストライプって、ほんとうにかっこいいよね。自分の持ち物で使ってみたらどう？」

今回、ソファについて子どものアイデアは採用できないなら、その点には「ノー」を言うべきですが、ストライプが好きだという気持ちまで否定してはいけません。

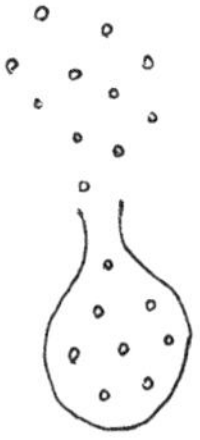

「その営業プランは今回、見送るけれど、目のつけどころはすごくいいよね。別のタイミングで試せるかもしれない」

仕事のアイデアを殺してしまうのではなく、生かしどころを見つければ、相手も腐らずに済みます。モチベーションもキープできるでしょう。

トラブルが表面化して誰かと対立し、「ノー」をはっきり突きつける側にたつこともあります。全面的に相手に非があり、あなたはどれだけ責めても当然というような場合です。

そんなとき、たいてい相手は身構えています。

「こんなことをしでかしたのだから、今日は怒られて当然だ」

「どんなにしかられても仕方がないだろうな」

自分で自分が間違っていたことに気づき、手をついて謝りたいくらいの気持ちになっていることだってあるでしょう。

そんなときこそ、相手に逃げ道をつくりましょう。「そこまでは攻めない」というラインをあなたのほうが引いておき、攻撃の手を自分から引っ込めるのです。

「鬼の首を取ったように」という言葉がありますが、首など取らず、あえて淡々と紳士的に話をすすめるのが、品性あるふるまいだと僕は思います。

なにかあると嵩《かさ》にかかって怒る人、ありったけのノーを叩き付ける人と、その後も関係をつなげていこうと思う相手はいません。

また、逃げ道を残しておき、相手の生かしどころを見つけることで、目に見えない新しい絆が生まれることも事実です。

○アイデアに「ノー」を言うときは、全否定するのではなく、生かしどころを見つけましょう。
○全面的に相手に非があるときの「ノー」こそ、相手に逃げ道をつくりましょう。

断られ上手になる

お願いや頼みごとは、人とのつきあいについて回ります。

どちらか一方が頼んでばかりという関係はなく、頼むことも、頼まれることもあるのが普通です。

自分がお願いする側に立つのであれば、断られ上手になりましょう。

「どうしても、この仕事に力を貸してほしいんです」という頼みごとでも、「ねえ、一緒にランチに行かない？」という軽い誘いでも、相手が気楽に断れるようにする。

ちょっとばかり高等技術ではありますが、心地よいつきあいを長く続けるには、覚えておいてもいいことです。

「申し訳ないけど、その仕事は引き受けられない」

「今日の昼休みは、ちょっとやることがあって」

何か頼んだり誘ったりしたとき、断られることも多々あるはずです。断ったからといって、相手はあなたを嫌っているわけではありません。人にはいろいろな事情があります。

断られたからといって、逆恨《さかうら》みのごとく相手を嫌うのもいけません。頼みごとでも誘いでも、自分の思いどおりにはいかなくてあたりまえなのですから。

だからこそ僕は、断られ上手になりたいと思います。頼みごとをするなら相手が楽に断れるようにしておきたいと、いつも気をつけています。

逆の立場で考えればすぐわかるとおり、断るというのはしんどいことです。「断ったら、傷つけてしまうかもしれない」とか「自分が悪者みたいで後味が悪い」と感じつつ断ることも多々あります。

自分が何かを頼んで相手にそんな思いをさせたら、長くつながり続けることは難しくなります。また、一回誘いを断っただけで気まずさが生じたら、「この次」がなくなります。

たとえ返事が「NO」でも、言うほうも言われるほうも、さらりと流せるようにする。これが断られ上手が目指す場所です。

断られ上手になるとは、最初から腰が引けた調子でいくことではありません。

「たぶん無理だと思うのですが、この仕事をお願いできませんか？」

「もしかして、気が向かないかも。イヤだったらイヤって言ってくれていいけど、ランチに一緒に行かない？」

こんなふうに妙にへりくだるくらいなら、何も頼まないほうがいいし、そもそも誘うべきではありません。最初から「断られる」というシナリオを描いて演じるなど、卑屈な一人芝居だと思います。

断られ上手になるためのレッスンは、アドリブをきかせること。

最初は一生懸命に頼んだり誘ったりするけれど、なんとなく「ああ、むつかしいんだな」と感じたとたん、アドリブをきかせてさっと引くのです。

超能力なんてなくても、「むつかしい気配」はわかります。よく観察し、ちょっと想像力を働かせるだけでいいのです。

「ああ、曖昧に笑っているな。乗り気じゃないんだ」

「なんとか傷つけないように、断る言葉を探しているな」

表情。声の調子。仕草。言葉遣い。プライベートな関係はもちろん、仕事関係でも察することは可能です。

むつかしいとわかったら、相手がうまい台詞を見つけるまでただ待ってはいけません。

「まあ、お忙しいことは承知していますから、今回の件が難しかったら次の機会に」

仕事であればこのように受けて、話題をさりげなく変えてもいいでしょう。

「時間がないなら、ムリしないで。今日は一人でランチに行くからさ」

言葉自体を工夫するというより、気軽な調子でぱっと引くというタイミングのはかり方も、アドリブの一種です。

すぐに察知して、追いつめないのも、思いやりです。断られ上手になるとは、思いやりがある人になることです。

断ったほうは「ストレスなく、やりとりさせてもらった」といい印象をもち、「次は引き受けよう」と思うかもしれません。「今度は私がランチに誘おう」と考えることもあるでしょう。

これほどはっきりした因果関係を描かなくても、相手に楽をさせることが、まわりまわって自分にもプラスになります。

断られ上手になる練習を積むと、断るほうも上達する気がしています。

断られるも断るも、一枚のコインの裏表。つねに立場が入れ替わるのが人間関係で、かわるがわる断り役や断られ役を演じているようなところがあります。

上手な断り役になるコツは、スピード。一瞬のためらいもなく、すぱっと断ることです。無情なようにみえて、これがおそらくベストウェイでしょう。

「しばらく考えさせてほしい」

「まだわからないけど、もしかしたら行けるかも」

曖昧な答えはすべて、相手を引っ張ることになります。

待つ間、相手はいい返事を期待する、もしくは「断られるんじゃないか」という不安を募らせることになります。その延長線上にNOをつきつけるというのは、同じ断るにしても、むごいやり口だと僕は思います。

いくらスピード重視といっても、話の途中で断るのはいけません。最初からOKできないとわかっていたとしても、「こういう事情で、◯◯をあなたにお願いしたい」という話には、きちんと耳を傾けましょう。それから謙虚な気持ちで、素早く、はっきりと断ること。その話が二度と蒸し返されないくらい、意志をきちんと示すことです。

どんな願いや頼みでも引き受けられたら、いかなる誘いにものれたら、人間関係はハッピーになるでしょうか？　そんなのはあり得ない話です。

お金を貸してほしいと言われても、貸す余裕がないこともあります。金額的には貸せても、金銭のやりとりで気まずくなるのがいやで貸さないこともあるでしょう。

人にはできないことがあって当然だし、相手の望みに応えられないのは、自分自身の力不足でもあります。

できないことが自分のなかにあってもいいし、それで終わる関係なら、しょうがないとあきらめる。断り役は、潔さも備えておかねばなりません。

○相手が断りたがっているなら、潔く引きましょう。そのほうが、次につながります。
○自分が断る立場なら、謙虚な気持ちで、素早く、はっきりと意志を示しましょう。

いない人の話をしない

悪口を言わないことは、できそうでできないことのひとつです。どうしても言いたいことがあるなら本人に直接言う。その場にいない人の悪口は、なにがあっても口にしてはなりません。そう心がけましょう。

ところが、どこまでが噂話でどこからが悪口かという線引きは、たいそう難しいのです。

何人かでおしゃべりをしていて、「そういえば、○○さんって」と、その場にいない人の話になることはよくあります。噂話に尾ひれがつくこともあるし、結果として悪口を言っていたりします。

誰かと話をしていて、いない人の話が出たとき、「これが悪口になるかどうか微妙だ」と案じた経験が、あなたにもあるでしょう。

Aさんがなんの気なしに尋ねたとします。

「ねえ、この間Bさんに会ったんだけど、元気なかったよ。最近、どうしているか知ってる?」

するとCさんが答えます。

「いや、私もほんとうに心配でね。どうもトラブルがあるみたいで、実は……」

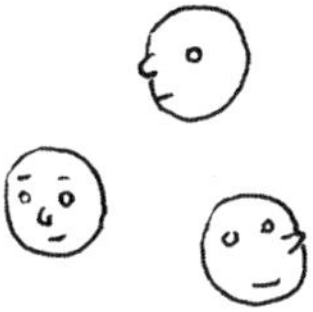

この場合、Aさんにも Cさんにも悪意はなくても、Bさんのよくない噂をひろめることにつながります。また、自分がいないところでこうした会話がかわされていると知ったら、Bさんは不愉快になるでしょう。

ほんとうに心配しているのなら、その当人の気持ちを傷つけるようなことをしていいはずがありません。

誰かが悪口を言いはじめたとき、黙って聞いていることもあるでしょう。しかし、その場に一緒にいれば、あなたも一緒に悪口を言ったことになるものです。

週刊誌やテレビをみればわかるとおり、人は噂話に興じる癖があります。だからこそ、気をつけようではありませんか。

僕は、「あの人って……」と、その場にいない人の話が出そうになると、すぐに話題を変えてしまいます。悪口っぽくても、褒め言葉でもそうです。いい話ならなおさら、本人がいる前でしたほうがいいのですから。

相手が共通の知人の名前を出し、「○○さん、この頃どうしていますか?」と気軽に聞いてきたときは、「いや、ちょっとわからないですね」と答えます。たとえ昨日会ったばかりでも、しらん顔でとぼけます。些細なことであっても、その人にとっては言われていやなことがあるかもしれないのですから。

もし、自分が逆の立場だったら、そうしてほしいと思います。

「実は昨日松浦さんと会って……」

自分が知らないところで話題に上ってあれこれ噂をされていると、たとえどうでもいいことでも、いい気持ちはしません。

同じ意味で、SNSも注意したいツールです。

自分の楽しみで自分のことを書くのはかまいませんが、勝手に人のことを書かないよう、慎みたいもの。たとえ親しい相手でも、悪意がないものでも、うかつに人のことを発信しないようにしましょう。自分の行動の一部始終を不特定多数の人に公開されたら、相手にいやな思いをさせるかもしれません。

僕は、利用していませんが、SNSの「ちょっとした恐さ」はつねづね感じています。

○その場にいない人の話が出たら、褒め言葉でも、悪口でも、すぐに話題を変えましょう。
○SNSでも、勝手に人のことを書かないように慎みましょう。

目で伝える

何が何でも真剣に気持ちを伝えたいとき、言葉は役立たずになります。一人の人間として、いいえ、生きものとして「これだけは、はっきりさせなくちゃならない」という感情は、目でしか伝わらないのです。

大事なことは目で伝える。僕はそう決めています。

何かトラブルが起きて、紳士的な態度ではとうてい解決不可能になったとします。語れば語るほど、気持ちと言葉がばらばらになっていきます。もどかしくて言葉を重ねれば重ねるほど感情的になり、男の場合、悪くすると拳《こぶし》を握りしめた喧嘩になります。

だからこそ、目で伝えましょう。「私はこういう気持ちでいます」と。

「この件については、あなたが思っている以上に真剣だし、あなたの対応の仕方によっては、許しません」

僕は目を使って、ここまで伝えたこともあります。

もし「許しません」などと言葉にしたら、とんでもないことになります。失礼きわまりないし、大人としての常識を超えてしまっています。

自分の立場と相手の立場。仕事などで利害関係があれば、「あなたがそんなことを言える立場ですか？」と相手に憤慨されるかもしれません。

いつも仲良くしている人やお世話になっている人なら、「そんなことを言うなんて、恐い人」と呆れられ、しかし、肝心の真剣な気持ちが伝わらないでしょう。

しかし、目で伝えるだけなら心配無用。きついメッセージも、感情のありったけも、まるごとぶつけることができます。

誤解されたとき、心外なことを言われたときも、

目で反論します。

「あなたのその態度は、ひどくないでしょうか？」

昔の話ですが、僕が目でこう伝えたとき、二十歳以上年上の相手はあきらかに怯《ひる》みました。お互い、気持ちはいっさい言葉にしていません。しかし、それ以上の真剣なやりとりを、僕らは目と目でかわしたのです。

言葉より強い力をもつのが、目の力。普段、言葉をかわすときも、まなざしに気を配ったほうがいいでしょう。

相手の目の強さ、目の印象は、何を話したかよりもくっきり印象に残るものです。目から発している気持ちと、口から出る言葉がちぐはぐになっていては、いくら熱く語っても、何一つ伝わらないということです。

○ほんとうに大事なことは目で伝える。僕はそう決めています。
○言葉以上に強い力をもつのが、目の力です。普段から、まなざしに気を配りましょう。

弱さを武器にしない

上司と部下。目上と目下。年上と年下。男と女。

決して固定ではないけれど、どちらかが「強い立場」で、もう片方が「弱い立場」という関係はあります。

強い立場を利用していばったり、相手を従わせようとするのは論外。パワーハラスメントと呼ばれ、ゆめゆめしてはならない恥ずかしいふるまいだと、誰でも知っています。

同じように、弱い立場を利用して自分の意を通そうとするのも、してはならないふるまいです。とくに人間関係がうまくいかないとき、自分の弱さに逃げ込んではなりません。

ところが、弱さを武器にする害については、あまり言及されることがありません。おそらく、それだけデリケートな問題だということでしょう。

僕はここで、あえて書いておきたいと思います。

なぜなら、僕らはみなそれぞれに、違う弱さを抱えているから。自分の弱みが、誰かの弱みよりも弱いなんてことはないから。

自分の痛みが、誰かの痛みよりも特別につらいなんてこともありません。弱さも痛みも人と比べられるものではないし、最終的には一人一人が自分で抱えていくしかないのです。

もちろん、相手の弱さや痛みを想像し、思いやることは大前提ですが、自分の弱さや痛みを他人に押しつけることは、また別の話です。

弱さを人間関係の武器にするのは、厳しい表現をすれば、卑怯者のふるまいだと僕は思っています。

たとえば仕事でミスをした女性が「私は弱い立場なのだから、仕方がないことです」と言うのは、弱さを武器にする行為です。

女性はたしかに力もないし、男性に比べていろいろ大変な点はあります。しか

しミスはほんとうに、「女性の弱さ」が原因で起きたのでしょうか？　その点を検証せず「女性だから」というエクスキューズを発したとたん、その人は仕事という土俵で話ができなくなります。

　また、年配の人と若い人が話していたら、若いほうが知識不足なのは当然です。しかし、「もうちょっと勉強したほうがいいよ」と指摘された若い人が、「僕はまだ若いのですから、知らなくてあたりまえじゃないですか」と開き直り、若さを武器にその場を逃れようとしたらどうでしょう？

　おそらく彼に何かを教えようとする人は、いなくなってしまいます。「若さ」という弱みを武器に変えるとは、自分の知識不足を補う努力を放棄したということ。これではいずれ若さが消え失せて〝武器〟がなくなってからも、物知らずのままになります。

心の病気を武器にする人も、このところ増えていると聞きます。

友だち同士でトラブルが起きて話し合おうとしたとき、片方が「ごめんね、私はうつ病だから。あんまりきついことを言わないで」と遮《さえぎ》ったらどうでしょう？

これは極端な例かもしれませんが、「うつ病」をさまざまな心の弱さに置き換えて考えてみると、答えが見えてくる気がします。

「最近、ショックなことがあって」

「失恋したばかりで」

「家族関係がうまくいっていなくて」

「仕事が大変で」

なにか話し合おうとしたとき、あるいはあやまちを指摘されたとき、こうした心の弱みを武器に対応したら、相手はなにも言えなくなってしまいます。そこで人間関係はストップです。

弱さを武器にしたら、誰とも深いところでつながれなくなります。弱さを武器にするとは、弱さで自分の周りに高い城壁をはりめぐらせて、孤独に閉じこもる行為でもあります。

「私はつらいんだから、やさしくしてよ！」と訴えかけた相手も、同じ弱みを抱えていて、それを口に出さないでいるのかもしれないのです。自分の弱みだけにとらわれていたら、相手を思いやれない人になってしまいます。

孤独なお城が、ぽつんぽつんと、そびえ立つ世界。こんなに悲しい場所はないと僕は思います。

○弱さを人間関係の武器にするのは、やめましょう。
○弱さを武器にしたら、誰とも深いところでつながれなくなります。

一年先を考える

人と人とのつながりにおいて、大切なのは対話です。

対話とは、一対一で、真正面から、相手と真摯に対峙するということ。

対話がなくなってしまったら、プライベートだろうと仕事だろうと、二人のつながりは終わりへと近づいていきます。

どんなに親しくても、わかりあっているつもりでも、対話を省いてはいけません。逆にいうと、「最近、ちょっとぎくしゃくしているな」という相手とは、意識して対話するようにしましょう。

対話は大切なものですが、即効性がある万能薬かといえば、違います。

結果を急《せ》いて対話をしても、つながりは強くならないし、うまくいかなくなった二人の間も、改善されはしないのです。

まず、対話をし、次に自分が行動してみせる。

対話を重ねると同時に、繰り返し行動で示さないと理解してもらえないことがたくさんあるということです。何度となくこの二つを繰り返すことで、ようやく相手も変わります。

人とかかわるときには効率などいっさい考えず、「つねに時間がかかるもの」と、腰を据えた態度でのぞみましょう。

「今日の午後、じっくり時間をとって話し合ったから、明日にはいろいろなことがクリアになる」

ドラマのなかの出来事ではないのですから、こういうわけにはいきません。

僕は一回や二回で相手を説得しようと思ったことはありません。「わかりあえるまでに、何年かかるかな」というくらい、気長な構えではじめます。

人間関係は、今日や明日のことを考えるよりも、一年先のことを考えるとうまくいく気がしています。

「来年も、この人とかかわり続けていけるだろうか？」
「一年後、さらに深くつながっているためには、どうしたらいいだろう？」
「一年先のために、今、自分はどういう接し方をすればいいだろう？」

こうした自問をすれば、その場しのぎのつきあいはなくなります。

この瞬間、楽しくやるために調子を合わせる必要もなくなるし、一時的なトラブルを取り繕うために自分に嘘をつくこともありません。

「一年先」という長期的なものの見方が備わっていれば、なかなか変わらない相手に焦《じ》れる気持ちも消えていくでしょう。

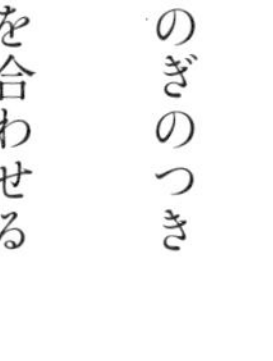

たとえばあなたが誰かに挨拶をして、無視されたとします。勘違いかと思ったあなたは、翌日は挨拶にもう一言付け加えますが、何の返事もありません。あからさまな態度が二、三日続いたらどうでしょう。

「この人は私のことが嫌いだし、かかわる気もないのだろう」

おそらくこんな結論を出して、あきらめてしまうでしょう。しかし、その時点で二人の関係は終わりです。

ところが「一年先」という気長なスタンスで考えると、たとえ返事がなくても挨拶を続けることができます。人は一朝一夕《いっちょういっせき》に変わらないという事実を受け入れたとたん、「一年たったら、もしかしたら何かが変わるかもしれない」と考える余裕が生じるのです。

余裕があれば、いくら無視されても、毎日毎日、「おはようございます」を重ねることができます。コミュニケーションを素早くあきらめずに済むのです。

少なくとも、「相手は自分を無視する人だ」と決めつけず、「ここまで否定される理由は、ひょっとして自分にあるのかな」と振り返ることはできます。

実際に僕は、三年がかりでコミュニケーションをとろうとチャレンジし続けている相手がいます。今のところなんの前進もありませんが、長い目で見れば、まだ可能性はあると思っています。

一年先を考えるメリットは、なにより、自分の信じる心が損なわれないことかもしれません。

○人と人がわかりあえるまでには、何年もかかることでしょう。
○人間関係は、今日や明日のことを考えるよりも、一年先のことを考えるとうまくいく気がしています。

引き返す勇気をもつ

恋人でも友人でも、誰かとかかわりをもったら、二人の距離がどんどん縮まっていくのがよしとされています。逆に「距離を置こう」となったら、すなわち縁を切るようなところもあります。お互いに向かって前進するか、すっぱり縁を切るか。人間関係は二つに一つしかないように思われています。

しかし、人と人との距離というのは、伸び縮みするものではないでしょうか。

僕はある時期、それを学びました。

あるときは近づき、またあるときは遠のき、そしてまた近づくこともあるような気がします。

親しくなる過程で相手との距離は少しずつ縮んでいきますが、縮めれば縮めるほどいいとは思っていません。ある程度の距離感は保ちたいし、いつも個でありたいと願っています。

かつて、とても近しい友だちがいました。気も合うし、深い話もできるし、親友と呼んでいい間柄だったと思います。

ところが、いろいろなやりとりの中で、僕らはやがてうまくいかなくなりました。

約束を破らざるを得ないこと、彼の信頼を裏切ること。非は僕にありました。修復不可能なことを、してしまったのです。

「もう駄目だな」と、思いました。「こんなに仲が良くて、一生の友だちだと思ってた人とも、これでおしまいだ」と。

そのとき彼が、こう言ってくれたのです。

「出会った頃の二人に戻ろうよ」

知り合ったばかりでまだ親しくない、距離がある関係の二人。でも、つながりはある二人。

白黒つけて縁を切るのではなく、「グレーの関係」を提案してくれた彼に、僕は救われました。

グレーゾーンに引き返すならば、もしかしたら、また元の友だちに戻れるかもしれない。少なくとも、お互いをお互いの人生から「いなかったこと」にしなくても済むのです。

親友という目的地を目指して歩き続けてきた二人が、引き返すこと。これはたいそう勇気がいります。だからこそ、その勇気をくれた彼に、僕は感謝したのです。
現実には、出会った頃の二人に戻れるわけではありません。スタート地点に戻って、また少しずつ親友になっていくというのは、おそらく、もう不可能でしょう。
しかし縁を切らなかったから、偶然出会ったときには挨拶をかわせます。笑って「元気？」

と言い合えるのです。

大切な人を友だちリストから抹消せずに済んだこと。

グレーという第三の選択肢が与えられ、関係とは伸び縮みするものだと教えてもらったこと。

僕は今も、ありがたいと思っています。

仲違《なかたが》いをしなくても、「近づきすぎた」と思ったら、少し距離を置いてもいいのです。何もそれで、絶縁しようというわけではないのですから。

前に進むばかりが、迷わず歩いていく方法ではありません。時には引き返す勇気をもちましょう。その地図を破り捨ててしまわずに、もと来た道をもう一度歩いたっていいのです。

○人と人との距離は、伸び縮みするものです。
○「近づきすぎた」と思ったら、少し距離を置いてみましょう。

愛情のルール

人に言う必要はありません。手帳に書き付けなくてもいいのです。

自分のなかに、愛情についてのルールをつくりましょう。家族のルール、恋人のルール、夫婦のルール、友人のルール、仕事仲間のルール。

ルールとは自分がつくり、自分が守るもの。堅苦しいものではなく、大切な愛情を大切に扱うための道具として、ルールは役に立ちます。

人間関係は、「なんでもあり」になったらおしまいです。ところが、親しければ親しいほど、なしくずしという罠が増えます。できそうなのに意外とできていないことはたくさんありますから、ルールにして、用心したほうがいいでしょう。

一番目のルールは、笑顔でいること。

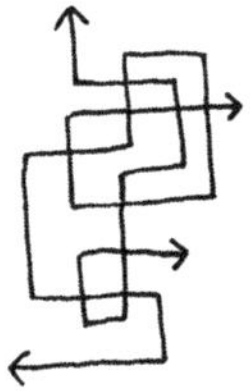

親しいし、いつも会っている相手だから、ありのままでいい。これは一つの真実ですが、「ありのまま」が仏頂面というのはいただけません。それはある意味、甘えです。

毎日かならず目にする光景は、とびきり美しくある必要はありませんが、心和むものであるべきです。

あなたは、相手にとって毎日の光景。ちょっぴり憂鬱な日でも、笑顔で「おはよう」と言う。「いただきます」と微笑む。これはそんなに難しいことではないし、相手も自分も気分がよくなります。

二番目のルールは、約束を守ること。

近しい人を、忙しさや日々の雑事の犠牲に

してはいけません。仕事のアポイントメントは絶対に守るのに、友だちや家族との約束を「まあ、いいか」で破っていないでしょうか。小さなことでも、きちんと約束を守るのは、すべての人間関係の基本です。親しくても礼儀はわきまえねばなりません。

三番目のルールは、きちんと謝ること。

人は基本的に個であり、家族がいても、友人がいても、一人で立っている存在です。あなたはあなたの孤独を引き受け、相手は相手の孤独を引き受け、あなたはあなたの世界を守り、相手は相手の世界を守って生きています。

こうして考えれば、「親しいのだから、許してくれるだろう」という考えは、どこかおかしいと気づくはずです。大切な人とは支え合うこともあるでしょうが、なあなあになって甘え合うのは、互いを駄目にする依存です。

悪いこと、間違ったことをしたら、たとえ相手が子どもであってもきちんと謝る。これも忘れてはならないルールです。

四番目のルールは、愚痴を言わないこと。

悩みごとがあるとき、弱みをさらけ出せる相手がいることはしあわせです。励ましてもらいたいことは、誰にでもあります。しかし、悩みを打ち明けるつもりが、愚痴になっていないかどうか、いつも気をつけるようにしましょう。

愚痴というのは現状への不満にとどまり、「じゃあ、どうするの?」という視点が欠けています。愚痴をこぼしたところで、なんの解決にもなりません。

愚痴のさらに困ったところは、言っている自分も聞いている相手も、いやな気分になること。大切な相手を、いやな気持ちを捨てるためのディスポーザーにしてはいけません。

悩みを話すのはいいけれど、あくまで事実を述べるだけにとどめましょう。どうするべきかをきちんと自分で考える、その矜持《きょうじ》は失わないようにしましょう。

五番目のルールは、失敗を恐れないこと。

「こうありたい」という理想や、「こうしたほうがいい」という指針はあっても、人間関係というのは有機的なものです。いのちある営みである以上、いつだってぐにゃぐにゃとかたちを変え、法則どおりにはいきません。

きれいごとはないし、すべてはケースバイケース。ぶつかっていって、関係のなかにどっぷり浸かるくらいの覚悟を決めましょう。自分を大切にし、同時に自分以外の存在にどれだけ愛情を注げるか、いつもチャレンジしましょう。

人とのかかわりは、思いどおりにいくことがほとんどありません。失敗したり、何かトラブルが起きたりして、あたりまえ。失敗したときが関係のスタートというくらいの覚悟でちょうどいいでしょう。

人間関係は、笑ったり泣いたりしてこそ、存分に味わえるものだと思います。

○人間関係は、「なんでもあり」になったらおしまいです。
○人とのかかわりは、失敗したときが関係のスタートだと思いましょう。

追いつめない

香辛料をたっぷり使った料理は、おいしいし、癖になります。異国のハーブの香り、独特の味付け、珍しいものを食べるたびに、「こんな味があったんだ」と刺激されます。

それでも、毎日食べる基本のごはんは、ごく普通のものが心地よく感じられます。ぴかぴかの炊きたてごはんと卵焼き、ていねいに出汁《だし》をとったお味噌汁。薄くスライスした雑穀パンにはちみつ、ミルクコーヒーといった平凡な食べ物。目新しくはないけれど、ほどほどにおいしいもの。長く食べ続けていけるのは、極端な味ではないからかもしれません。

人との関係にしても、守り、育て、そしてなにより続けていくためには、ほどほどがいいと感じています。

魂のありったけをぶつけ合うようなかかわりは、ロマンチックかもしれませんが、一時のもの。おたがいのすべてをわかちあうようなつきあいは、すてきに響くものの、リアルからは遠いところにあります。

友人と「家族との関係性で、大切にしていることはなんだろう？」と話していたときのことです。僕がはっと気づいたのは、「嘘をつかせるまで、相手を追いつめてはいけない」ということでした。

たとえば親が子どもに対して、あれをしなさい、これをしなさいと口うるさく命じたとします。やっていないのに「やった」と子どもが嘘をつくのは、その場を嘘で逃れなければどうしようもないほど、親が子どもを追いつめたためです。

単純な物差しで正しい、正しくないをはかれば、「宿題をやりなさい」と言う親は正しくて、やっていないのに「やった」と嘘をつく子どもが悪いとなるのでしょう。

しかし、もう少し目盛りが正確な物差しではかったなら、子どもに嘘をつかせてしまう親は、たとえ言い分が正当だろうと、やはり正しくないのだろうと思います。

「嘘をつくまで、追いつめていないだろうか」

まず、自分を振り返ることが必要だと感じます。

同じように、夫が妻に嘘をつく、妻が夫に嘘をつくとき、悪いのは、必ずしも嘘をついたほうとは限りません。

嘘でごまかさなければ立ち行かないほど、相手を追いつめていないだろうか？

プレッシャーを与えるような、高圧的な聞き方をしていないだろうか？

期待であれ、愛情であれ、相手に多くを求めすぎてはいないだろうか？

「ああ、嘘をついているな」と家庭内で感じたときは、相手を責める前に、自分の胸に手を当てたほうがいいことは、たくさんあります。追いつめずに、ほどほどの関係を続けていく。これは家族にとって大切なことだと思います。

嘘には、その場を逃れるためにつくものと、本当のことを言いたくないためにつくものの二種類あります。

相手が嘘をついているときは、たいていわかるものです。特別に勘が鋭くなくても、「あっ、嘘だな」と気がつきます。

そんなとき、「嘘をついているでしょう」と、名探偵みたいにあげつらっても意味がありません。「言いわけではなく、本当のことを聞かせてほしい」と詰め寄るのは、酷なふるまいです。

相手を追いつめても、本音など出てきやしません。出てくるのは、にがくてつらそうなため息だけ。一歩たりとも退《ひ》けない壁際まで相手を追いつめてしまったら、二人の間の最後のつながりが、ぷつんと断ち切れてしまうかもしれません。

ずいぶん前になりますが、友人と共同で、大きなプロジェクトを立ち上げたことがあります。音頭取りは彼で、僕は「一緒にがんばっていこう」という彼の熱意にほだされたかたちで参加しました。僕のような人間を真剣に誘ってくれたのだから、自分も恩返しのつもりで、できる限りのことをしようと誓っていました。

プロジェクトが動き出して一年ほどたったとき、彼は突然、「降りる」と言い出しました。今までずっと二人でいろいろなことをやってきて、これから、というときでした。僕は愕然《がくぜん》とし、はしごを外されたような、裏切られたような気持ちになりました。

「今までの努力は、いったいなんだったんだろう」

「この期《ご》におよんでやめるなんて、これから僕はどうすればいいんだろう」

さまざまな思いが心の中を駆け巡りました。

もちろん、彼は彼なりに、プロジェクトから手を引く理由を話してくれました。健康上の理由。仕事への不安。

どれもみな、僕が納得できる理由ではありませんでした。どれもかねてから彼が抱えていたものだったし、「何をいまさら」というのが本音だったのです。

僕には、「本当のことを言ってほしい」と彼に詰め寄るだけの、いささかの権利はあったでしょう。実際、そうしようかとも思い、一晩中考え続けました。

翌朝、僕が出した結論は、追いつめないことでした。

僕は彼と一緒に、いろんなことを考え、たくさんの決断をしました。二人ともそのプロジェクトに、情熱を注いでいました。しかし、僕が彼のことを一〇〇パーセントわかっているかといえば、そんなことはありません。

僕が知っているつもりの「彼」は、たぶん、ほんのわずかです。彼には僕が知らない部分がたくさんあるだろうし、僕に言えないこともいっぱいあるでしょう。説明しにくい事情も抱えているのでしょう。

二人のつながりが、ほんのわずかな数パーセントの重なりで成り立っていたのなら、それを大切にしなければいけない。同時に残るパーセンテージの「知らない部分」を尊重しなければならない。

このように考えると、僕にできることは彼の決断をきちんと受け止めること。

理由について追いつめないこと。ただ、それだけでした。「わかった」でさらりと済ませることが、僕にできる、精一杯の愛情表現だったのです。

あのときの自分が、正しかったのか、間違っていたのかは、今でもわかりません。それでも、もしまた同じようなことが起きても、僕は相手を追いつめずにいよう、少なくともそう思っています。

○嘘をつかなければならないほど、相手を追いつめてはいませんか?
○相手を尊重して、嘘を受け入れる、そういう愛情表現もあるのです。

わからない箱

わからないことを、わからないと言う。

これは間違いなく、生きるための最良の知恵です。

知ったかぶりをせず、あいまいにごまかさず、何かわからないことがあったら「わかりません」と正直に言う。

「わからない」と言うことで、学ぶチャンスが得られます。

「教えてください」と人に請《こ》うことは、決して恥ずかしいことではありません。

たとえすべては教えてもらえず、知識の断片しか得られなかったにせよ、その小さなかけらを手に入れれば、それをきっかけに自分の力で学んでいくこともできます。

わからないことを表明すると同時に、ほうっておかないことも大切です。

僕は『暮しの手帖』編集部の自分の机の引き出しに、箱を一つ置いています。

使い方は、ごく簡単。

本や新聞を読んでいるとき、また、人と話しているとき、わからないことというのは一日にいくつも出てきます。

その場でたずねて解決するものは相手に聞いてしまいますが、仕事では、そうもいかないケースもあります。

「ごめん、ちょっとわからないから、簡単に教えて」と言えるときもありますが、大勢での会議のときは難しいでしょう。みんなの仕事の流れを止めることになるので、控えたほうがいい場面です。また、自分で調べれば済むことで、いちいち煩《わずら》わせては相手の迷惑になる場合もあります。

そんなとき、僕はわからないことを紙に書き、ピリッとちぎって机のなかに置いた箱に入れます。

読み方がわからない漢字も、新聞を読んでいて、「みなし弁済ってなんだろう?」という疑問が湧いたときも、その言葉をメモした紙を箱に入れます。

一カ月に一度くらい、仕事が一段落したときなどに、おもむろに箱を開けます。一日一枚でも三〇枚たまることになりますから、けっこうな嵩《かさ》です。

パンドラの箱ならぬ「わからない箱」は、自分が何を知らないのか、苦手なジャンルを教えてくれます。

たとえば僕の場合、「ああ、ずいぶんたくさん経済の用語が入っているな。この分野が弱いんだな」と自覚することができます。

当然ながらスタートはここからで、インターネットで調べたり、本を読んだりします。「なんだ、みなし弁済って意外と簡単なことなんだ」と単純に腑《ふ》に落ちることもあれば、さらなる疑問が生まれ、もっと学びたくなることもあります。本当の意味での独学のはじまりであり、楽しくてわくわくします。

そのうちに、「五十歳になったら大学へ行こう。経済のことを体系立てて学びたいから、経済学部がいいかもしれない」などと、世界が広がっていくのです。子どもの宿題ではないので、箱の中身をすべて解決する必要はないし、箱を開けるのは一年に一度でもかまいません。

いずれにしろ、わからない箱には、新しい自分のタネがつまっているのです。

○適当な紙に無造作に走り書きし、ぽんぽん入れていきましょう。
○わからない箱とは、自分を理解するための道具です。

教えてもらう

知ったかぶりをしたらおしまい。いつも思っています。

「そんなことはしない」という人も、知らず知らずのうちに、家族やごく親しい間柄の人の気持ちを、知ったかぶりしてはいないでしょうか？

「いいよ、もうわかったよ」

相手の話を遮るのは、親しさゆえにその人のことを「わかったつもり」でいるからでしょうが、それは驕《おご》りです。いくら深いつながりでも、相手が子どもでも、あなたとは違う一個人なのですから。

ろくに聞きもせず、わかったつもりになってはいけません。

相手が言わんとしていることを、素直に、謙虚に、教えてもらう。これはとても大切なことで、何度となく思い出したほうがいいことです。

知識についても、知ったかぶりは禁物です。

いっぱしの大人の年齢なのに、知らないことがたくさんあるのは、恥ずかしくもあります。しかし、その場は恥ずかしい思いをしても、「教えてください」と問うたほうが、あとあと、よほどいいのです。

インターネットがあればなんでも調べられる時代ですが、そこにある情報の精度はわかりません。表層だけみてわかったつもりで、実は理解していないこともたくさんあります。

ある上場会社のトップの方は、わからないことがあればきちんと「私はそれを知らないので、教えてください」とおっしゃるそうです。

文化的な素養もあり、世の中にさまざまなことを発信する大企業のトップですから、「まさか、この人が知らないはずはないだろう」とみんな思うでしょう。

しかし、一つを極めている人だからこそ、全方位的な知識の持ち主ではないのかもしれません。ほんとうに偉い人ほど情報通ではなく、もしかしたらなんでも知っているのは側近の役割なのかな、とも思いました。

いずれにしろ、それほどの人が「知らないことは、知らない」と言うと聞き、僕はちょっと安心しました。知ったかぶりをせず、きちんと教えてもらったほうがいいという思いを強くしたのです。

妙なごまかしをせず、「この人なら、くわしいだろう」という人に、心を込めてお願いする。そうすれば別の世界が広がります。生で人から教えられる情報によって、仕事の幅も生活の幅もぐっと広くなるということです。

目指すところは、教わり上手。

教わるときは、謙虚でありたいし、素直でありたい。ユーモラスに、笑顔を絶やさず、愛嬌のある態度でお願いしたいものです。

僕の場合は教わるとなると、相手にうっとうしがられるくらい、質問攻めにします。知識を得たいときは、貪欲であっても許されると思うのです。

教わるとき注意したいのが、教わりっぱなしにしないこと。

「これについては、こんな本が出ているよ」と教わったら、必ずその本を読みます。自分なりにさらに学んで発見があれば、逐一報告します。さらに、おかえしもできたらもっといいでしょう。

知人があるとき、日本文化研究者の角田《つのだ》柳作《りゅうさく》さんについて教えてくれたことがあります。

角田さんは東京専門学校（のちの早稲田大学）を卒業して教師になり、明治四十二年にハワイに渡って教鞭《きょうべん》をとります。その後、四十歳でニューヨークのコロンビア大学に学んだのち、「日本文化研究所」を創設したそうです。

「この人の存在があったからこそ、正しい日本というものが、ずいぶん外国に伝わったんだよ。『無名の巨人』と言われているけれど、こういう立派な人の存在は、無名のままにさせちゃいけないな」

知人がぽつんと言った明くる日から、僕は夢中になって角田柳作さんについて調べはじめました。ドナルド・キーンによって書かれたもの、司馬遼太郎の『街道をゆく』など、角田さんについてのさまざまな資料が出てきたので、自分なりに分類しました。

それから知人に「このあいだ教えていただいた角田柳作について調べてみたんです」と報告します。さらに「これはもしかするとお持ちでない資料かもしれませんので、コピーをお送りします」と、自分なりに知識を積み上げた、おすそわけもするのです。

教わりっぱなしにしない気持ちを行動で示せば、もっともっと、いろいろなことを教えてもらえます。何より、教えたほうも喜んでくれるのです。

知ったかぶりをせずに、教わり上手へ。

教わり上手から、教えてくれた相手とのさらなる深いつながりへ。

こんな連鎖は、何度繰り返しても楽しいものです。

○知ったかぶりをせず、謙虚で素直な教わり上手になるのは大切なことです。

○教えてくれた相手とのさらなる深いつながりがもてる、楽しい連鎖です。

第三章

初めて出会ったときの新鮮な心もちで人とつきあう

出会う人は「先生」

僕がよく利用する駐車場に、ちょっと苦手な係員がいました。口うるさい初老の男性。利用するたびに、僕たちは同じやり取りを繰り返したものです。

「車のミラーを閉めなさいよ。ここの駐車場は、閉めなきゃ入れないんだから」

「すみません、僕の車はミラーのところが壊れていて、閉まらないんです」

「そんなのそっちの都合だろう。ラインからはみ出ないように閉めてください」

「いや、でもこの前もその前も、閉めないままで入れましたよ」

こんな押し問答を繰り返すのは、いい加減にうんざりしているのですが、そこがいちばん便利な場所なのでやむを得ません。毎回、同じやり取りをするので、いつの間にか係員の顔まで覚えてしまいました。

先日、ついにひと悶着《もんちゃく》が起こりました。いつもはしぶしぶ通してくれる係員が、手で無理やりミラーをぐいっと閉めてしまったのです。

別に壊れはしませんでしたが、やはりそんなことをされるのは気分がいいものではありません。実のところ、僕は腹を立てました。

車はとめられたので我慢して買い物に出ましたが、僕が怒っていたことは相手にも伝わっていたでしょう。いくらか声を荒《あら》らげたかもしれません。

いやだな、と思いました。駐車場に戻って料金を支払うとき、またあの係員と顔を合わせるのです。どう考えても気まずいけれど、車を置いたまま帰るわけにもいきません。

そのとき僕は思い出したのです。昨日より今日、自分がちょっと変わって新しくなりたいのなら、まわりから学ばなければならない。そして、いちばんの「先生」は、人なのだということを。

毎日のなかで接するものは、無限にあります。経験や出来事、本やアートや音楽、さまざまなものから刺激を受け、人は変わっていきます。

僕とてそれは同じですが、これまで生きてきたなかで、僕にもっとも大きな影響を与えてくれたのは人でした。

僕が影響を受けたなかには、尊敬できる人も凄い人も、とってもすてきな大人もいました。しかし、特別優れた人だけが「先生」でなかったことは事実です。世の中からはみ出したぼろぼろの暮らしをしていた人からも、すべてにいい加減な嘘つきからも、僕は何かを学べました。

知り合いでもなんでもない、通りすがりの人の笑顔すら、人生を形づくってくれた、小さいけれどかけがえのないパーツなのです。

その意味では、駐車場の係員もまた、先生になり得るということです。

「彼は僕に、何を教えてくれるのだろう？」

そんなことを考えながら駐車場に戻った僕は、係員にあいさつをし、「さっきはすみませんでした」と謝りました。

すると彼は、僕が折れたことを、受け入れてくれたのでしょう。ミラーのことなど忘れたように、「いつもありがとうございます」とにっこり送り出してくれたのです。その瞬間、「苦手な係員がいる」という事実は、「苦手な係員がいた」という過去の話に変わりました。

それでも、すべての出会いがすてきなものというのは、美しい夢に過ぎません。

気まずいこともあれば、腹が立つこともあるのが現実の暮らしでしょう。だからこそ、「この出会いから、自分は何を学べるだろう?」と考えることに意味があるのではないでしょうか。

今日、出会う人すべてが、自分に何かを教えてくれる先生だと思えば、相手のファッションや見てくれ、性格の良し悪《あ》しすら気にならなくなります。やさしい人から学べることもあれば、意地悪な人から学べることもあるのですから。

この考え方を試し続けていると、自然に「ありがとう」という感謝の気持ちが生まれます。人に生かされて生きているという真実を、忘れずにいられます。

○街中でふとコミュニケーションをとった人を、先生だと考えてみましょう。
○気持ちのいい体験から学べることもあれば、嫌な体験から学べることもあります。

うららかな笑顔

極上のプレゼント。生きるうえでのお守り。毎日をすてきにする秘密。

笑顔は、その全部を兼ねた魔法の杖です。

電車で乗り合わせた赤ちゃんがにこっと笑った瞬間、誰でもあたたかなものを受け取った気がするでしょう。赤ちゃんだけではありません。家族や友だち、会社の人も駅の売店の人も、誰の笑顔でもすべて同じ力を持っています。

笑顔さえ忘れずにいれば、たいていのトラブルは乗り越えられます。

たとえば外国で言葉が通じなくても、笑顔があればなんとかなります。仕事でピンチになったときも、笑顔を忘れなければ切り抜けられます。本当に困ったとき、解決策より先に必要なのは笑顔です。

笑顔は日々を輝かせます。いつもニコニコできる自分でいられたら、魔法の杖を手にしたのも同然、暮らしも仕事も豊かになります。

もっとも、いくら笑顔が大切だからといって、うわべだけにこやかにしたり、笑顔の演技をするのでは意味がありません。

心から笑える自分でいるにはどうしたらいいのか、きちんと考えてみましょう。

笑顔は誰でもできる一番簡単な努力の一つ。

「こういう人たちと一緒にいれば、自分はニコニコしていられる」

「こんなことをしているとき、心から笑いがこみ上げてくる」

考えたすえに笑顔の種がわかったら、できるだけその状態に近づく努力をします。

調子が悪いときは、誰でも笑う回数が少な

くなります。心の底から笑っていないと感じたら、ちょっと心の点検が必要ということでしょう。

眠る前に「今日は何回笑っただろう」と考えてもいいのですが、朝起きたとき、「今日はできるだけ笑えるような日にしよう」と誓うのも効き目があります。特に初めての人と会う日には、笑顔を出せるように意識しましょう。おたがいが何を考えているのかわからないとき、笑顔は二人の間をなめらかにしてくれます。

○ありがとうと笑顔をセットにしましょう。心も自然とこもります。
○笑顔が減っていると気がついたら、すこし一人になって自分を取り戻しましょう。

うれしさのお裾分け

おばあさんがやっている小さな韓国食堂。一人でランチを取るとき、よく立ち寄る店です。『暮しの手帖』編集部の近くはコリアンタウンで韓国料理屋がたくさんあるのですが、そこはとびきりおいしいのです。

特に、韓国式に無料で出してくれる前菜のキムチが気に入りました。あまりにもおいしいので、ある日、大きな密封容器を持ってランチに出かけたのです。

「すごくおいしいキムチだから買って帰りたいんです。お願いできませんか？」

日本語があまり通じないので身振り手振りも交えて伝えると、おばあさんはたいそう喜びました。手作りで自慢の味をほめられたことがうれしかったのでしょう。

「キムチなんてサービス品だから好きなだけ持っていけ」と言い、気前よくたっぷり容器に詰め込んでくれました。キムチのおかげで、おばあさんも僕もうれしくなりました。心が通ったコミュニケーションができて、ちょっとしあわせになりました。

会社に戻った僕は、そのへんにあるジャムの空き瓶や密封容器をかき集めました。編集部で料理の試作もするので八個見つかりましたが、大きさはまちまちです。

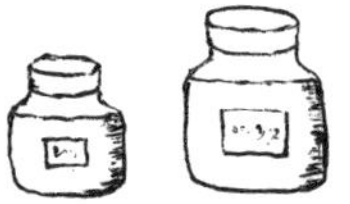

僕はせっせと、おばあさんにもらったキムチをわけました。そして、大きな瓶には家族がいる人の名前、小さな容器には一人暮らしの人の名前を書いた付箋を貼り、編集部のみんなに言いました。
「とってもおいしいキムチをもらってきたから、冷蔵庫に入れておくよ。みんなの名前が書いてあるから、家に持って帰って食べてみて」

さっそく冷蔵庫をあけた編集部員の一人が言いました。

「あれっ、松浦さんのぶんがありませんよ」

僕はいいんだと答えました。だって、みんなにこのおいしいキムチを食べてもらいたかったから、わけてもらってきたのです。おいしさを知ってもらう、共有する、そんな人とのかかわりで生まれる楽しさは、格別な味なのです。

おいしさだけでなく、うれしさもお裾分けできて、すてきなランチとなりました。

○おいしいものは、おいしいと言い合える人がいるともっとおいしくなります。
○お店の人に「ごちそうさま、おいしかった」とあいさつしましょう。

マカロン・コミュニケーション

照れくささをごくりと飲み込んで、一歩だけ前に出る。すると世界は変わります。

一線を越えたコミュニケーションが芽生えた日、人はあたたかく過ごせます。心の中にふわりとやさしさが生まれ、それが人から人へと伝わっていく。この喜びは、ほんのすこしの勇気で手に入るものなのです。

その日、僕はおいしいパン屋さんで、軽食をとろうとしていました。

赤いひさしが目印のお店は、香ばしいフランスパン、甘いデニッシュパン、バターたっぷりのクロワッサンの香りでいっぱいです。

カフェになっている二階席でパンとコーヒーを注文すると、六、七種類ものジャムとハチミツが運ばれてきました。お店の女の子がこう言います。

「ジャムは好きなだけお召しあがりください。ただし、絶対にジャムのスプーンを直接パンにつけないでくださいね」

　僕はすこし困りました。衛生面を考慮し、いったんお皿にとってからパンにつけてほしいという理屈はわかるのですが、やってみると難しいのです。

　パンに添えられたお皿は一枚だけですが、ラズベリー、ブルーベリー、クランベリーといくつものジャムがあれば、全部試したくなります。イチジクもマーマレードもリンゴも、れんげのハチミツだって見逃せません。

　そうやって一枚のお皿にとっていくと、微妙な味がぐちゃぐちゃに混ざりはじめました。やむなくコーヒーのソーサーまで動員しましたが、うまくいきません。べとべとになったコーヒーソーサーが後ろめたく、せめてテーブルを汚さないよう僕が悪戦苦闘していると、お店の女の子が、ちらりとこちらを見ました。

「ごめんなさい、ジャムがうまく取れなくて。コーヒーのソーサーも、ちょっと使うつもりが汚しちゃって、すみません」

　非難されているように感じて謝ると、女の子は言いました。

「あっ、ごめんなさい。私が最初からお皿を多めに持ってくればよかったですね」

そして彼女は何枚かの取り皿を運んできて、「どうぞお気づかいなく、ゆっくり召しあがってください」と言って、にこっとしました。

「ものを知らない客だ」と腹立ち紛れにチェックしているのかと思っていた彼女が、実に感じよく親切にしてくれたことで、僕はほっとしました。

そこにゆとりが生まれたのか、彼女が僕の横に無造作に置いてあった雑誌を見ていることに気づきました。偶然「パン特集」の号です。そこから、彼女はパン好きなのでその店で働いていること、焼きたての香りが大好きだといった会話が生まれました。

そうはいっても、ほんの二言三言。お皿を汚す迷惑な客という役割はまぬがれたものの、これだけでは単なる客と店員だけで終わったかもしれません。

さらに一歩踏み出すと人間関係になる——そう知っていた僕は勇気を出しました。

荷物を席に残したままいったん下の階に降り、会社で食べる自分用のサンドイッチと一緒にマカロンを買って戻ると、彼女にプレゼントしたのです。

「今日は親切にしてくれて、ありがとう。よかったら食べてください」

べつに下心があるわけでもなんでもありません。なにしろ、プレゼントはたった二〇〇円のマカロン。しかも彼女が働くお店で売っている品です。

ただ、誰かに対して「ありがとう」という気持ちを抱いたとき、感謝の気持ちをきちんと表し、相手にはっきり伝えたい——いつもそう思っているのです。

マカロン・コミュニケーションは、特別な話ではありません。日常生活で、あるいは旅先で、しばしば見知らぬ人に同じことをします。プレゼントでなくても、何か自分の感謝や好意を確実に伝える術《すべ》を探し、勇気を出して実行するのです。

「そんなの、ナンパみたいじゃないか」とからかわれることもあります。

ささやかなプレゼントのつもりが、驚かれたり、嫌がられることすらあります。

人はみな違うのですから、全員が全員、好意的に受け取ってくれないのは当たり前でしょう。しかし、半分の人には拒絶されても、半分の人には喜んでもらえます。

世界中、いたる場所に「あのときは、ありがとう」と、お互い言い合える人をつくる――なんとも、すてきなことではないでしょうか。

これも今日一日を豊かに過ごすための「冒険」だと、信じているのです。

こんな勇気のふるいかたを、あなたもためしてみませんか？

○「ありがとう」の言葉に、小さな贈り物を添えましょう。
○照れくささやためらいの先の「喜び」を分かち合いましょう。

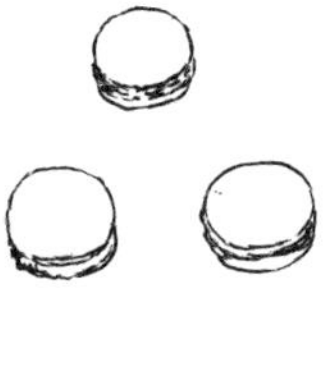

水を向ける

ことさら勘がよくなくても、ほんの少し気をつけていれば、相手が何か話したがっているかどうかは察しがつくものです。

たとえば会社の後輩に対して、「何か話がありそうだけれど、こちらが今ばたばたしているから、タイミングをはかっているのかな?」と感じることもあるでしょう。

家族や友だちや恋人に対してなら、もっとはっきり「話したがっているサイン」を感じ取るかもしれません。

誰かがあなたと話したがっている気配を感じたら、すぐさま自分から水を向け、話すきっかけをつくってあげましょう。それは「あなたを最優先していますという気持ちを伝えることでもあります。

こちらは相手から声をかけられるのを待っていて、相手は話すタイミングをうかがっている——こんな無言のやりとりは、気分のいいものではありません。

ましてや何か言いたいことがあると知ったうえで、「今日は疲れているから」と無視するような態度を続けていたら、やがて大爆発を引き起こし、関係がおかしくなりかねないでしょう。

「ないがしろにされている」と感じれば、誰の心だって傷つきます。話したいことがあるのに放っておかれるとは、「あなたは特別じゃないよ」と告げられているようなものなのです。

僕の場合、職場でもプライベートでも、必ず自分から声をかけるようにしています。

「別に何もなければいいんだけど、何か話したいことがあるんじゃない？」

尋問にならないように、やさしく水を向ければ、会話の糸口となります。

また、相手が何かを聞きたがっているという場合もあります。とくにプライベートでは多いでしょう。新しく何か始めようとしている、転職を考えている、あるいはもっと日常的なことでも同じです。あなたの気持ちが変化したとき、家族や恋人、友だちはそれを察しています。具体的に何かはわからないから、「いつ、ちゃんと話してくれるんだろう？」と思っていたりするのです。

しかし、プライベートで信頼している相手だと、僕たちは気持ちを言葉にしないことがよくあります。いちいち話さなくても、わかってもらえると思うのでしょう。

それでも話さなければ、相手は少なからず傷つきます。だから僕はこんなふうに水を向け、相手にヒントをもらうことにしています。

「どうも忘れているみたいなんだけど、何か話さなきゃいけないことがあったよね？」

もしかすると、相手が投げかけた問いを返さないまま保留にしているかもしれません。たとえば、新しい企画の準備をしていたけれど、みんなに説明するのを忘れていた、今度の家族旅行のプランを出すと自分が言ったのにそのままになっていた……。

仮にもっと小さなことでも、放っておかれた相手には大きなことです。

自分から歩み寄るのは、相手に負担をかけないばかりか、自分にとってもいいことです。詰め寄られて話すより自分から話したほうが、はるかに気分はいいでしょう。

○あなたと話したがっている人の存在に気がついたら、さりげなく水を向けてあげましょう。
○無意識に大切な人をないがしろにしていないか、よく考えてみましょう。

凛とした誠実

一瞬で終わる関係なら、あえて素通りする。これは人と関わる際の僕のルールです。

たとえば僕のもとには、いろいろな人がたずねてきます。

「イラストを描いているんですが、アドバイスをください」

「駆け出しのカメラマンですが、私の作品についてご意見をうかがいたい」

僕の答えはいつも決まっています。

「アドバイスはしないし、意見も言えません。作品を見て、あなたという人がいると知ることしかできませんよ」

なんと冷たい対応だろうと思うかもしれませんが、これが僕なりの誠実さです。

仕事についてでも、恋愛や人間関係の問題についてでも、人に相談されたことに対してアドバイスをするときには、その人の面倒を一生みる覚悟がいると思います。

もし僕が「あなたの作品は、こんな工夫をしたらいいんじゃないですか？」などとアドバイスをしたら、たとえ軽い気持ちだろうと、一生その人とつきあわなければなりません。その人が「松浦さんに言われたように工夫してみましたが、どうでしょう？」とたずねてきたら、仕事を調整してでも、きちんと向き合う義務が生じます。

その義務は一生続くものであり、途中で投げ出しては卑怯な振る舞いになります。だったら最初から一線を越えないほうが、おたがいのためだと思うのです。

家族、友だち、一緒に働いている人たちにアドバイスするときは、相応の覚悟と情熱をもって向き合います。真剣にアドバイスしたいからこそ、僕にはあらゆる人に対して同じように向き合えるほどのキャパシティがないのです。

軽い気持ちでアドバイスするのは、誠実でないやさしさです。背骨がない、くにゃくにゃのやさしさは、口当たりはよくても長持ちしないのが普通でしょう。

恋愛や仕事の相談でも、自分のキャパシティや相手との関係を考えたうえでアドバイスをしないと、本当に大事な人に注ぐ情熱までなくなってしまいます。

○誰にでもいつもやさしくするのは、逆にやさしくないということでもあります。

○自分なりの一線を画すルールを決めておくと、人づきあいがすっきりします。

小さな約束ほど守る

もし、それが果たされなくても、誰も傷つかないし、何も起きないし、あとくされもないような小さな約束。そんな小さな約束を守ることこそ、日常のなかでコツコツと、信頼というお城を築く方法です。

うっかりしていたら、軽い気持ちで約束したものの、忘れてしまうことはたくさんあります。

「じゃあ、こんど最新号ができたら送りますよ」

こう言ったとしても二カ月先にできる雑誌だったら、相手も忘れているかもしれません。仮に送らなくてもとがめられないし、お互い気にもならない約束ですが、だからこそ、僕はちゃんと守りたいと思います。

大きな約束を守ることは当然ですが、小さい約束を一つひとつ守り続けることが、自分にとって、人とのかかわりのなかで大切にしたいこだわりなのかもしれません。

ときどき、本当にちょっとした約束も必ず守る人に出会うと、「ああ、すごいな」と素直に思いますし、この人なら信用できると感じます。

「今度、ぜひごはんを食べましょう」

「とっても面白い本だから、貸してあげる」

軽い気持ちで言ったとしても、それは約束。

小さな約束を守るために、僕はこっそりメモしたりもします。「○○さんに本を送る」とさっと書くだけで、相手との関係がぐっとよくなります。

○すぐにできることは、今すぐすることです。
○約束したことを忘れないようにメモするのはいいことです。

目を見て話す

この秘訣を教えてくれたのは、まだ小さかった頃の娘でした。

「外から帰ったら、手を洗いなさい」

「ごちそうさまを言いなさい」

自分では大切だし、ちゃんと覚えてほしいと思っていることでも、娘の目を見て言わないと、さっぱり効き目がないのです。

どんなに声に威厳を込めたつもりでも、新聞を読みながらだと、まるでだめ。

「お父さんはこう言っているけど、手を洗うっていうのは、別に大事なことじゃないんだな」

きちんと目を見ていないと、子どもはたちまちそう判断してしまいます。よそ見をしながら口やかましく繰り返しても、「ごちそうさま」を言うようにはならないのです。

目を見て話すことは、わかり合い、メッセージを伝え、コミュニケーションをよくする秘訣。これは子どもに限ったことではありません。仕事でも家庭でも、すべての場において有効です。

大人になると、ぎくしゃくすることは頻繁にあります。

環境も価値観も考え方も違う人たちの集まりである以上、意見が食い違ったり、誤解が生じてトラブルになることは珍しくありません。

「じっくり話し合えば、ちゃんとわかり合える」というのは、僕の見たところ、残念ながら理想論。どちらかが妥協したり、お互いがちょっと意見を曲げたりして合わせているだけで、一〇〇パーセントの解決などありえないのが現実です。

あげくの果てに「話しても無駄だし、また同じことの繰り返しか」とうんざりし、コミュニケーションをあきらめてしまう――ほうっておくとこんな事態に陥《おちい》ることも、珍しくはありません。

それでもコミュニケーションをあきらめたくないと思ったとき、僕はこの秘訣を思い出しました。いくら意見が食い違っても、どんなにトラブルが燃え上がっても、必ず相手の目を見て話をするということを。

考え方がまるで合わず、最後まで言い分は平行線をたどるような議論でも、相手の目を見て話し続ければ、不思議なことに、相手に対する尊敬の念が湧いてきます。

たとえ「この人の言っていることは、間違っている！」と思っていても、相手の目を見て聞いていれば、「その人の人間性」に対しては、別の気持ちを抱くようになります。意見は認められなくても、人としては認められるということです。

とことん言い合っても目と目を見つめ合っていれば、不思議な一体感すら生まれます。結果として解決には到《いた》らなくても、悪い方向には向かわない。これだけは、何度も試した僕の保証つきです。

疲れていたり、へこんでいたりすると、人は目を見て話すことができません。そして下を向いていればいるほど、良くない事態がさらに悪化します。

さあ、洗い物をしながら大事な話をするのはやめましょう。パソコンから顔を上げて、まっすぐ相手の目を見て話しましょう。

理解できない相手でも、受け入れられない相手でも、この秘訣を知っていれば、何か別の関係が生まれるはずです。

○今日、話をした人の目を見ていましたか?
○目を見て話すからこそ、生まれてくる関係があります。

す。

腕を組まない

おそろしくささやかなことで、人の印象は変わります。日々に溶け込んだ小さな所作《しょさ》を見つめなおせば、また違う世界がひらけるので
最近発見したのは、「腕を組まない」ということ。

腕を組むというのは、自分の精神の表れです。心をブロックしている状態だと思います。

目の前の相手に、あるいは自分のまわりの世界に対して心を閉ざす。そんな所作を毎日続けていて、「いいことなんて、あるわけない」とすら思います。

腕組みと同様、足を組むのも、やめたほうがいいでしょう。傲慢でえらそう、相手に対して、ずいぶん失礼です。

誰かと一緒にいるとき、腕を組み、足を組んでいるのはあり得ないふるまいで

す。大事な話をしようというとき、こんなポーズの人がいたら、いくらていねいな言葉づかいでも、話し合い以前の問題だと思います。

足を組むというのは格好つけているジェスチャーですが、気取るとは、正直でない心のあり方です。第一、足を組むと骨盤がゆがむ原因にもなります。

「でも、一人でいるときは腕を組んでも足を組んでも勝手じゃない？」という人がいるかもしれませんが、そういうわけにはいきません。

なぜなら誰もいないときの態度が、自分自身の根っこだからです。一人のときに不遜な態度でいると、存在そのものが不遜になってしまいます。

僕自身、以前は何の気なしに腕を組み、足を組

んでいました。ところがあるとき、そのおそろしさに気づき、念入りに注意を払ってやめたのです。

むずむずして落ち着かなかったのは最初のうちだけ。しばらく我慢していると、やがて無意識の腕組みは僕から抜け落ち、足を組もうと思っても組めないくらいになりました。

○子どもがいる人は、作法の一つとして腕組み、足組みをやめるように教えましょう。
○腕を組まずに話を聞けば、相手の言うことがまっすぐ心に入ってきます。

軽やかな手紙

カウブックスにほど近い代官山で、知り合いにばったり会いました。僕には用があり、彼にも用があり、おたがい急いでいたので「ああ！」と声を掛け合っただけ。ろくに言葉も交わさず、すれ違いました。

二人とも話をしたい雰囲気だったし、少なくとも僕は、元気かどうかくらい尋ねたかったのです。そこで葉書を書きました。

「急いでいて、話ができなくてごめん。お会いできて、うれしかった」

電話やメールでもいいのでしょうが、自分で書いた文字のほうが、気持ちが伝わる気がします。

「そんなちょっとしたことに、わざわざ手紙を書くなんて」などと思う人もいるかもしれませんが、僕は家族や友だちにも、しばしば短い手紙を書きます。

かしこまって、きれいに書こうとするから、手紙は面倒になってしまいます。

思いついたことを一行だけ書く。そんな軽やかな手紙を、できるだけたくさん出したいと思うのです。

私が好きなのは、『暮しの手帖』でも紹介した野口英世博士のお母さんの手紙。ほとんど字が書けなかった野口シカさんは、人に習って筆をとったのです。医学研究のためにアメリカに渡った息子に、帰ってきてほしい一心からでした。

はやくきてくたされ。
はやくきてくたされ。
いしよ※のたのみて。ありまする。
にしさむいてわ。おかみ。
ひかしさむいてわおかみ。しております。
きたさむいてわおかみおります。
みなみたむいてわおかんておりまする。

※「一生」（編集部・註）

たどたどしい文字で、間違いや書きそこないがあっても、シカさんの気持ちは、胸に迫るほど伝わってきます。とつとつと綴られた言葉に、墨の濃淡に、心がにじみ出ています。手紙の本質とは、本来そういうものではないでしょうか。

僕自身、文章を書くことを生業《なりわい》としているのに、手紙の文章は原稿のようには書けません。季節のあいさつもぎくしゃくしているし、名文でもないし、オチもない。ときに支離滅裂で、メモみたいに無造作な文字だったりもします。

それでも手紙を書くのは、気持ちが伝わると信じているからだし、自分が手紙をもらうことが大好きだから。一年ごとにわけて箱にしまった手紙は、僕の宝物です。

誰かの誕生日、ふと思いついたとき、ご無沙汰のとき、あいさつのかわりに。

自分が毎日、手紙を書けば、二日おきぐらいに、誰かしらから手紙が来ます。まず自分が旅先から手紙を書けば、世界のどこからか、旅先の誰かから手紙が届きます。

仕事の場合も、直接会うのは別として、メールより電話、電話より手紙が、僕のコミュニケーションの基本になっています。

ひらひら、軽やかに、手紙がゆきかう。そんな世界はすてきです。

○美術館の売店で気に入った絵のポストカードを買って、手帳にはさんでおきましょう。
○旅先の郵便局でその土地ならではの記念切手を見つけたら、もう葉書が出せます。

筆まめになる

人とのつながりを考えるとき、改めて大切にしなければならないのは、家族です。

自分と血のつながりがある人たち。親類縁者。両親。一緒に暮らしていない大きな単位の「家族」とは、年末年始やお祝いごとくらいしか顔を合わせる機会がありません。遠い場所に住んでいたりすれば、会うのは年に一度がせいぜいという人も多いでしょう。

電話をかけようにも、生活のスタイルが違うと、時間帯も違うのでタイミングが難しくなります。

だから筆まめになりましょう。

ちょっとしたことでも、手紙で知らせましょう。

なにかものを送るときも、ちょっと一言、書き添えましょう。

手紙というのは、とても個人的であり、思いがよく伝わる性質があります。たとえはがきでも、文字からにじみ出るなにかまで、わかってもらえます。

「娘が中学生になりました。みんな元気でやっています」

「お盆のときは、ありがとう。また会いましょう」

僕は自分の両親にも、妻の両親にも、ひと月にいっぺんか、ふた月にいっぺん、こんな手紙を書いています。

メールを使っている相手なら、パソコンや携帯のメールでもいいし、最近あまり使われていませんが、ファクシミリもいいと思います。すぐに送れて、手書きで出せるファクシミリは、僕のお気に入りです。

コミュニケーションで大切なのは、無精をしないこと。これは「筆」に限った話でもないし、家族限定というわけでもありません。

○コミュニケーションで大切なのは、無精をしないことです。筆まめになりましょう。
○手書きの文字はいいものですが、どうしても苦手ならメールでもいいのです。

簡素な手紙

メールでも電話でもなく、僕のコミュニケーション道具の基本は手紙です。

便箋やカードといったものも大好きで、だから文具店に足を踏み入れるときは、「気をつけよう」と、自分に声をかけます。すてきなものを買わないように。

高級品に手を出さないように。

ごく平凡な品を使い、シンプルで普通の手紙を書くことが、大切なマナーだと考えているからです。

いくら高級でも、文具の値段はたかが知れています。外国のもの、かわいいもの、面白いものがあふれていれば、思わずどれもほしくなります。

でも、それは自分のための楽しみであって、受け取る相手はどうでしょうか？

もし、ものすごく凝った手漉《てす》き和紙の手紙が来たら、僕はうれしいけれど、困ります。いったい何で返事を書けばいいのだろうと。

イギリスの貴族が使うようなカードに、封蠟《ふうろう》が捺《お》された手紙が届いたら、何があったのだろうと、びっくりしてしまいます。

すてきな手紙を出したい気持ちはわかるけれど、日常的にやるのは相手の負担になります。第一、それでは毎日二、三通なんて書けなくなると思うのです。

結婚式のご祝儀袋やお香典の袋には、包む額によってどんなものを使うかという暗黙のルールがあります。大金を包んでいるわけでもないのに、絢爛《けんらん》豪華な、もしくは凝ったつくりの袋を使うのは、不相応だということ。

手紙も同じように、自分の中身を考え、相手を思いやりながら出すことにしましょう。シンプルな便箋に気持ちを込めて綴るのが、なによりだと思います。

○自分の身の丈を考えることは、相手を思いやることでもあります。
○大切なのはていねいさです。心を込めることが大事なのです。

美しく話す

言葉づかいは、マナーではなくて気持ちです。

その人が「世界にどんな気持ちで向き合っているか」のあらわれです。

相手や場によって言葉をつかい分けるというのは、その意味ではおかしなことかもしれません。

先日、言葉づかいがきれいな女性に出会いました。まだ若い写真家なのですが、びっくりするくらいすてきに話すのです。いわゆるていねい語ですが、「慇懃無礼」とはまるで逆をいく、スマートな話し方。僕はびっくりしましたが、同時に「初対面だし、僕のほうが年も上の仕事相手だからだろうな」とも考えていました。

ところが彼女はそのあと何回会っても、最初のときと少しも変わらない言葉づかいなのです。僕のような年上の相手。自分よりうんと年上のアルバイト。ちょっと立ち寄ったラーメン屋の店員さん。まだ小さな子ども。とにかく誰に対しても、彼女は同じように美しく話します。

感動した僕は、彼女に尋ねてみました。

「言葉がいつもきれいですね。そう心がけているの？」

すると彼女は、自分の師匠に言葉づかいだけでなく、「誰に対しても同じ態度をとりなさい」と教わったのだと言いました。

師匠の方はすばらしい写真を撮る方ですから、対象に向き合う「気持ち」を大切にしているのでしょう。

僕たちは、決して乱暴に話しているつもりはなくても、知らず知らずのうちに気を許し、言葉がラフになっていきます。

しかし、「マナーではなく、相手への気持ち」と思えば、選ぶ言葉も変わってくるのではないでしょうか。今日もまた、若い人から良いことを学びました。

○言葉づかいは、その人が世界にどんな気持ちで向き合っているかのあらわれです。
○どのような立場の人にも同じ態度で接しましょう。

笑わせる

晴れた日曜日の、朝の教会。

さぞかしおごそかなものだと思い込んでいた僕は、びっくりしました。若い頃、アメリカでの話です。

クリスチャンでもないのに牧師さんの説教を聞きに日曜日のミサに行ったのは、英語の勉強になると聞いたためでした。

お祈りの前に「今日のお話」のような説教があるのですが、信者たちは爆笑の連続。牧師さんは最初の十分ほど、笑わずにはいられないようなジョークを連発し、みんなの心がほぐれてから真剣な話に移るのです。日曜日の教会の笑いの渦は、心がひらけるような体験でした。

アメリカ人は、まず笑わせてから大切なことを話す。日曜日の教会で僕が学んだことは、英語だけではなかったようです。

学んだことをさっそく実行しようと、僕はそれから下手な英語なりに、一生懸命、「笑わせること」を考えました。

たとえば街角のデリの人に道を聞く。たとえば荷物を送るときの関税書類の書き方を郵便局の人に尋ねる。たいていの人は忙しいので、つたない英語をしゃべる若者など面倒だとばかりに、相手にすらしてくれません。

しかし、まずちょっと面白い冗談を言って笑わせてから「実は道がわからないんだけど」と言うと、相手はがらりと変わりました。大笑いさせるようなことではなくてもいい。ちょっとくすっとできるような、ユーモアがあるひと言を、用件の前にまず口にして、心を和ませる。

この作戦を知り合ったアメリカ人に試すと、友だちができました。

日本に帰り、仕事を始めてからもこの作戦が、若かった僕をずいぶん助けてくれました。別にうけなくてもいいし、おじさんの駄洒落《だじゃれ》のようなものでもかまわないと思います。「あなたを笑わせたい、ちょっと楽しんでもらいたい」という態度を嫌がる相手など、滅多にいないものです。

○ユーモアは人と親しくなるための通行手形です。
○相手を喜ばせたいという態度を嫌がる人はいません。

愛情を伝える

人間関係について考えると、三つの言葉が浮かんできます。

育てること。

守ること。

与え続けること。

人とのかかわりとは、「育てる、守る、与え続ける」というこの三つの営みだろうと、僕は思っています。

人と人とのつながりが、突然生まれること。

ふとした出会いが、かけがえのないものに変わっていく。その小さな奇跡を体験したことがある人も、たくさんいるでしょう。

たとえば友人や恋人といった、あなたの人生になくてはならない存在の人も、最初はちょっとしたきっかけで親しくなったかもしれません。たくさんの人のなかから一人を選び、「さあ、今日からこの人と仲良くなろう」と決めるようなケースは稀《まれ》でしょう。

家族にしても、「この人を家族として選ぶ」と自分の意志で決められるのは、せいぜい配偶者くらいのものです。魂のレベルでは、自分が両親を選んで子どもとして生まれてきたと思っていますし、生まれてきた子どもにしても、きっとそうだと思いますが、これは、意識のおよばない範囲のこと。不思議な縁や必然が寄り集まって家族になるという要素が、多かれ少なかれあります。

人知のおよばない、なにか偉大なるものにひきあわされたかのような「出会い」を、自分を取り巻く人間関係に変えるのは、奇跡ではなく、その人自身だということです。

「育てる、守る、与え続ける」

このたゆみない営みを、誰もがしている、いや、していかなくてはならないのだと感じます。

あらゆる人間関係において、コミュニケーションの大切さ、必要性が声高に語られています。ところで、コミュニケーションの目的とはなんでしょう？

お互いに伝えたいことを、きちんと伝え合うことでしょうか。

思いやり、気遣い合うことでしょうか。

それとも、みんながそれぞれ自己主張することでしょうか。

馴れ合いにならないように、気持ちを正直に言葉にすることでしょうか。

いろいろあるように見えますが、おそらく、ごく単純な話ではないかと僕は思うのです。コミュニケーションの目的とは、相手に自分の愛情を伝えることではないかと。

男女の恋愛に限ったことではありません。家族や友人、職場の人であっても、愛情を伝え合うことなしに成立する関係はないでしょう。

ものに対してでも、自然に対してでも、愛情を伝えなければ、つながりを築くことはできません。

たとえば、お皿を割ってしまったのなら、その原因は自分の愛情不足です。お皿に対してたっぷりの愛情があれば、気にかけるし、大切にします。割ったりしないよう、ていねいに洗います。

お皿は自然に「割れた」のではなく、自分が「割った」ということ。手がすべったからではなく、自分の愛情不足がぞんざいな扱いにつながり、結果としてお皿を「こわした」ということです。

同じように、人間関係がうまくいかなかったり、宝物みたいだった絆がほどけてしまいそうなときは、たいていどちらかの愛情不足に理由があります。

これまでの自分自身のことを省みても、「あのトラブルは、僕の愛情不足のために起こった」と、苦さとともにつくづく思い知ることが多いのです。

「自分は愛情を伝えているだろうか？」

立ち止まって考えてみることが、人間関係の三つの営み「育てる、守る、与え続ける」ことにつながります。

人は基本的に孤独であり、人生は自分の力で歩んでいかなければなりません。しかし同時に、いくら自分を律したとしても「自力」でできることがいかに少ないか、「他力」によって生かされていることがどれだけ多いかを実感します。

他力とは、目の前の相手、周りにいる人たち、そして社会です。自分以外の人に僕たちはもっと敬意を払うべきだし、尊重しなければならないと思うのです。

それにはまず、自分から愛情を伝えること。おしみなく、もったいつけずに伝えること。育てるにも、守るにも、与え続けるにも、まず愛情がスタートだと感じます。

○コミュニケーションの目的は、相手に自分の愛情を伝えることです。
○自分以外の人に、もっと敬意を払い尊重しましょう。

待たない

横断歩道に立っていると、ちょうど反対側に友だちがいます。

信号が青に変われば二人とも歩き出し、おそらく、道を渡る途中で友だちも僕に気づくでしょう。

「こんにちは」

「元気ですか?」

相手から先に、声をかけてくるかもしれません。

どちらが先というわけでもなく、自然に挨拶を交わすかもしれません。

それでも僕は、信号が変わらないうちに声をかけたい。まだ赤で、友だちはこちらに気がついていなくても、「こんにちは!」と大きな声を出したい。周りの人が、じろじろ見ても、元気よく挨拶をしたい。

歩くのは青信号になるまで待ちます。でも、人とのかかわりにおいて「しばし待つ」なんて、いらないことだと信じているのです。

初対面の打ち合わせや、ちょっと緊張する相手だと、お互いに様子をさぐりあっていることがあります。しかし、良い関係はリラックスした状態から生まれます。相手を安心させ、緊張させないのは、お行儀より大切なマナーではないでしょうか。

第一印象はとくに重要です。初めて会ったときの態度や雰囲気が、それから先にどんな関係をつくりあげていくかに大きく影響します。

今、大切につきあっている友だちを考えても、いちばん最初に会ったときのことは忘れられません。お互いがストレートに心を開き、「会えてうれしい」と伝えあったことで、深い結びつきがスタートしました。

だから僕は待つことをしません。できるだけ自分から先に、心を開きます。「あなたに会えてうれしい」という気持ちを、いち早く表すこと。「大好きです」と、素直に一生懸命に伝えること。

すると相手も心を開いてくれる。「この先、いい関係をつくっていけるな」といううれしい予感が、二人の間にほんのりと漂います。

相手の反応をうかがい、好意を示してくれるまで待っていてはいけません。まずは自分から、先手を打つこと。表情や態度でも、十分に伝えられます。

ずっと憧れていた海外の本屋さんやアーティスト、作家にようやく会えたときも、僕は同じようにしています。「あなたに会えて、ほんとうにうれしい」と自分から気持ちのありったけを伝えたことで、言葉の壁を乗り越え、友だちになれたことも何度となくありました。

ビジネスなどで役立つ単純な例をあげると、暑い日であれば、自分から上着を脱ぎましょう。こちらが脱げば、相手も脱ぎやすいものです。上着を着ていたときはかちっとしていた人も、シャツが可愛らしいチェックだったりして、ちょっと隙が見えます。人間らしさ、ユニークさ。シャツに限らず、その人の内面がほんの少しでも見えれば、お互いが安心して関係を築きやすくなります。

つきあいが長い相手であっても、シビアな話をしなければならないときには、心の窓を開くことから始めます。

「今、この人は僕に対して、少しは心の窓を開いてくれているのだろうか？」

それを確かめてからでないと、肝心の話はできないと思うのです。

取引先へのクレーム。仕事上のなかなか言いにくい話。プライベートで深刻な話をするときも同じです。

突然、きつい話を切り出すというのは相手にとってたいそうな負担だし、あまりにも思いやりのない行為。解決する話もこじれてしまいかねません。もちろん双方が「そろそろ窓は開いているかな？」とうかがっているのも、くたびれます。

そんなときも僕は、相手の緊張が自然にほぐれるのを待ったりはしません。まず、自分がリラックスし、緊張を解いてみせることで、相手の心の窓をあけてもらうようにしています。

待たないとは、言葉を変えれば「受け身にならない」ということ。せっかちだったり、自分勝手とは違います。

「こんなことにかかわったら、トラブルにまきこまれるかもしれない」というときも、いつも自分から絡んでいく気概をもちたいと思います。

「べつに頼まれていないから、自分が手伝わなくてもいい」という腰が引けたやり方は、きっぱり捨てると決めています。

家族でも、友人関係でも、仕事でも、声をかけられるのを待たずに、自分から声をかけてかかわっていくこと。

その勇気があってはじめて、人との出会いに恵まれます。

大切な人と、深いつながりをもてます。

仕事であれば、チャンスも巡ってきます。

「待たない」こと、いつも先手を打つこと、能動的になること。

いささか勇気はいりますし、慣れないうちはためらいや恥ずかしさが込み上げてきますが、果敢に挑むだけの価値はあります。

誰かが声をかけてくれるのを待つのではなく、自分から声をかける。

相手が変わってくれるのを待つのではなく、まず自分から変わるのです。

さあ、明日の横断歩道では、相手の挨拶を待たずに大きな声を出しましょう。

息ぐるしいミーティングで、自分をさらけ出してリラックスしましょう。シリアスな問題を話し合うテーブルで、自分から心の窓をあけましょう。

○人とのかかわりにおいて「しばし待つ」なんていらないことです。
○まずは自分がリラックスすることで、相手の心の窓をあけてもらいましょう。

向こう岸に背を向けない

人は知らぬ間に、勝手に人種をつくります。

「コンサバティブなおしゃれの人種」

「ナチュラルなおしゃれの人種」

そのほかいろいろあるのでしょうが、それぞれ別の価値観があり、お互いに交流をもちません。

人は無意識に、年代でも人種をつくります。

渋谷をぶらぶらしている若い男の子たちは、新橋のサラリーマンを別の人種だと見なしているでしょう。新橋のサラリーマンのほうも渋谷の男の子たちを、「あいつらとは言葉が通じない」なんて決め付けているかもしれません。

年齢、住んでいる場所、職業、遊びに行く場所、価値観、収入、付き合う人たち、趣味、子どもがいるかいないか、結婚しているかしていないか——そうやってありとあらゆるフィルターで、自分も他人もカテゴライズしています。

それ自体は悪いことではないし、自然なことだと思います。たとえば、爪にきらきら光るストーンをつけるのが大好きな人と、短く切った爪できゅっきゅっとお米を磨《と》ぐのが大好きな人に「さあ、お互いをわかり合いなさい」と言うのは無理があります。川のあっち側とこっち側にいて、橋がないようなものです。

ただし、その川が細いことを、決して忘れてはいけません。向こう岸には行けないけれど、大きな声を出せば聞こえるくらいの細い川だということを。

つまり、自分と違うセンスの持ち主でも、馬鹿にしないということです。

「なによ、あの格好。みっともない」などと、仲間内で別のグループを笑うのは醜いことです。自分と違う価値観で暮らす人を「おかしな人だ」と徒党を組んで非難するのは、あさましいことです。

向こう岸の人が「おーい」と呼びかけたら、手を振って「おーい」と答える。それくらいゆったりとした気持ちを保ちましょう。自分と違う人たちに背中を向けず、いかにリスペクトできるかが、その人のすてきさを決める鍵になります。

○自分と違う価値観で暮らす人を否定しない。
○違いがあるから世界はすてきなのです。

大きな地図をもつ

相手の気持ちを知るには、近づきすぎてはいけません。

大好きな相手でも、ちょっと苦手な人でも同じです。

半径五〇メートルの地図ではかえって方向がわからなくなってしまうように、全体を見渡さないと見えてきません。

大きな地図をもちましょう。まず、ものごとの全体を見渡して、それから相手と自分にとっての「ベター」を探すのです。

このとき、くれぐれも「ベスト」を見つけようとしてはいけません。なにがベストかは状況によってもその人の心の状態によっても変わるし、正解を見つけるのがたいそう難しいものです。

「お互いのベストを見つけよう」と考えると、なかなか前に進めません。

また、ベストなことというのは、たいていどちらか一方にとってのベストであることが多いものです。一回は相手のベストな方向に進んでこちらが我慢したとしても、それが二回、三回と続いたら、うんざりしてきます。

「つきあいきれない」とどちらか一方が思うことが重なれば、やがて関係はこわれてしまうでしょう。

しかし「ベター」であれば、注意をこらすと、だんだん見えてきます。

お互いが多少は我慢をし、お互いがそれなりに満足できる道、それが「ベター」だと僕は考えています。

全体の地図を見渡して、二人の「ベターな道」を探しましょう。そうするうちに、相手の気持ちも自然と見えてきます。

「この人は今、ちょっと無理をしているんじゃないか？」

「この人は、じっと我慢しているのではないか？」

そう感じたときは、「二人のベター」ではなく「あなたのベスト」を選んでしまったということ。振り出しに戻って、違う道を探しましょう。

○近づきすぎると、かえって相手の気持ちが見えなくなるものです。

○大きな地図で全体を見渡して、お互いにとっての「ベターな道」を探しましょう。

なんでもない日のプレゼント

僕のプレゼントは、いつも不意打ち。

簡単に言うと、誕生日や記念日には贈らないということです。御歳暮、御中元の類も贈りません。

「誕生日、おめでとう」と口に出しては言うけれど、プレゼントとは僕にとって、もっと日常的なものです。

デパートの地下をぶらぶらしていて、おいしそうなものがあると送る。

自分が好きなアロマオイル入りの石鹸を見つけたら、友だちのぶんも買って送る。

僕はあまり買い物をしませんから、何か買うときはそれに感動したときです。

「この石鹸、なんていい香りなんだろう」

そうやって心が動いたら、誰かと分かち合いたくなります。すると、「きっとこの清潔なハーブの香りが好きだろうな」という誰かの顔が浮かんで、プレゼントをするのです。

逆の立場で、僕も突然、ちょっとした一言がついたプレゼントをもらうことがありますが、とてもうれしいものです。

「元気ですか？　このおせんべい、とってもおいしかったので送ります」

思いがけないから喜びを感じるし、とくに高価な品でもないから、お返しを考える気苦労もいらない。「ありがとう」と一枚はがきを送る程度でいいものが、お互い負担になりません。

それくらい気軽に、日常でちょこちょこと、贈り物が行き交う。なんとも楽しく、うれしいことではありませんか。あまり友だちに会わないぶん、僕はそうやってコミュニケーションをとっているのかもしれません。

デパートの配送でも、自分で包んだ郵便でも、プレゼントが相手に届くまでの「間」も楽しいものです。

「そろそろ届いたかな？　食べてくれただろうか」

自分も同じおせんべいを食べながらあれこれ想像する喜びは格別で、プレゼントというのは人に贈っているようで、自分への贈り物でもある気がします。

旅に出たときも、僕はプレゼントを送りますが、外国や、遠くの海からでなくてもいいのです。

「浅草まで来ました。きれいな手ぬぐいをみつけたので送ります」

「銀座に来ました。○○屋のお菓子、おいしいですよ」

東京に住んでいれば距離としては近くですが、銀座や浅草はそもそも、「お出かけをする特別な場所」です。そうやって暮らしていけた

ら、毎日が旅をしているごとくに楽しくなります。

気軽にプレゼントをする秘訣は、アドレス帳を持ち歩くこと。携帯電話だけで済ませている人が多いのかもしれませんが、僕はいつも手書きのアドレス帳を持ち歩いています。これさえあれば、いつでも遠くの誰かに手紙が書けるし、プレゼントだってできるのです。

○気軽なプレゼントの習慣を楽しみましょう。
○秘訣はアドレス帳を持ち歩くことです。

時間を贈る

ちょっとしたものを、なんでもないときに、気負わず贈ること。

これもコミュニケーションだと書きましたが、贈り物にはもう一種類あります。それは、一人の時間を贈ること。

娘が小さい頃、毎週日曜日は、二人で外に朝ごはんを食べにいくのがわが家のならわしでした。近所のカフェやファミリーレストランに娘と二人で出かけて、あれこれ話します。幼くて好奇心いっぱいの年頃の娘は、気がつくこともたくさんあったし、言葉が追いつかなくてもどかしそうに見えるほど、話したいこともたくさんあるようでした。

散歩をしたり、本屋さんに行ったり、のんびりお茶を飲んだり。

家族で出かけるときとは違う、一対一のコミュニケーション。娘が小学生の頃までは、毎週、そんな時間を過ごしていた気がします。

たいていの家庭がそうであるように、僕の家でも普段は、妻を中心とした三角形でつながりあっています。日曜日の朝だけ、そのかたちがちょっぴり変わるのです。

これは僕と娘の二人きりの時間であると同時に、妻に一人の時間を贈ることでもありました。

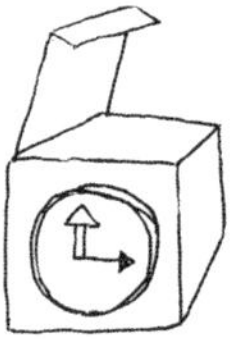

休日の朝くらい、のんびり休ませてあげたいけれど、子どもはたいてい朝早く起きて騒ぎます。僕が朝食をつくったとしてもガタガタするし、それならばと出かけることにしたのでした。

妻は午前中、ゆっくり寝ていてもいいし、一人でのんびりしてもいい。誰もいないうちに、ささっと掃除をすませてもいい。

僕にとっては娘との時間。
娘にとっては父親との時間。
妻にとっては一人の時間。
これは家族みんなにとって、なかなかすてきな贈り物になりました。

○時間はたいそう貴重なものです。だからこそ、大切な人に贈りたいのです。
○上司、部下、仕事相手にも、アイデア次第で時間をプレゼントすることはできます。

見返りを求めない

「自分がそうしたいから、勝手にそうした」

夫婦でも、親子でも、恋人でも同じです。

仕事の上司にも、後輩にも、友だちにも当てはまります。

親切も、気遣いも、手助けも、すべては相手への愛情表現。あなたが自分の意志で、やりたくてやったことです。なにがあってもそれに対して、相手からの見返りを求めてはなりません。

見返りというと物質的なことだと思うかもしれませんが、もっと重たいのが気持ちの見返りです。

「私が、こんなにしてあげたのに、なんでなにもしてくれないの」

「ずいぶんがんばっているのに、僕の気持ちを、ちっともわかってくれない」

時折、こうした不満を漏らす人がいますが、僕にいわせれば筋違い。ひとりよがりで、実にわがままな考え方だと思います。

誰かが縛り付けたり叩いたりして、無理矢理あなたになにかをさせたのでしょうか？

「ぜひ○○してくれ」と、意に添わないのに強引に頼まれたのでしょうか？

たぶん、そんなことはありません。

たとえ大変な苦労だったとしても、それをやると決めたのは、あなた自身です。そもそも自分がやさしくしたいから、その人になにかしてあげたいから、その表れとして行動したはずです。だったらそれだけで、十分ではないでしょうか。

相手が応えてくれようとくれまいと、自分の幸せとして親切にする。尽くす。

力を貸す。このスタンスが守れない人は、いっそなにもしないほうがいいくらいだと、僕は思います。

「してあげた」「やってあげている」

少なくともこうした言葉は、自分のなかから消してしまいましょう。

立場をスイッチして、相手からなにかしてもらったときは、話はまるで別です。

とはいえ、「お返しをする」というのはダイレクトすぎるきらいもあるので、僕は感謝の気持ちと報告を忘れないようにセットにしています。

なにかを教えてもらったときは、素直に喜んで耳を傾け、「ほんとうにありがとう」と一生懸命に感謝を伝えます。

そして後日、「教えていただいたことを、こう役立てています」あるいは「勧めてくださった本を読んだら、こんなことに気づきました」という報告をするのです。

「ありがとう」は、相手がプレゼントしてくれたなにかの種子を、大事に受け取りましたという報告です。でも、これだけでは十分とはいえません。いただいた種子をきちんと育てて、芽ぶかせ、花を咲かせる。ここまでのプロセスを相手に報告しながら、その都度お礼を言う、このくらいでちょうどいい気がします。

この際、反応は早ければ早いほどいいのです。

わからないことを教えてもらったら、その日のうちにさらに深く学びはじめる。そのくらいの意気込みで、自分が言ったことを吸収しようとしていると知れば、教えた側はていねいなお礼を言われるよりうれしいのではないでしょうか。

こうなると、またなにかを教えてもらえるし、「また会おう」という関係になれます。

○相手が応えてくれようとくれまいと、自分の幸せとして親切にしましょう。
○相手からなにかしてもらったときは、感謝と報告をお返しします。

翌日の「ありがとう」

一緒に食事をすることは、人間関係の基本です。

食事は関係を築くうえで、なくてはならない行為といえるでしょう。大人数だとまた別ですが、せいぜい六人くらいまでなら、親密でプライベートな空間となります。

自分を知ってもらうために、ごはんを食べる。

相手をもっと知るために、ごはんを食べる。

なんとも、楽しいことではないでしょうか。

そもそも僕は、「楽しく食べる」のが、ごはんの基本だと思っています。どんなに手が込んだごちそうでも、喧嘩をしながら食べたのでは味もわかりません。どうせ食べるなら、大好きな人たちと楽しく食べたほうがいいに決まっています。

食事のときは、できるだけ楽しさをわかちあう話をし、「一緒に食べられて、うれしい」と態度で示すこと。それも大切なマナーです。
食事を終えたとき、みんなが「ああ、楽しかった。またご一緒したい」と思えるように気を配ること。
僕はいつもこの二つに気をつけるようにしています。

もう一つ心がけているのは、「昨日はすごく楽しかった」と、翌日きちんと伝えること。別れ際の「ありがとう」に、翌日の「ありがとう」を重ねるのです。
二十歳を過ぎた頃、いろいろな大人にごちそうになることが多かった僕は、何も知らない若者でした。ごちそうになったそのときはお礼を言いますが、翌日はなにごともなく、しらん顔をしていたのです。

あるとき年上の人が、何かの話のついでに「人に食事をごちそうになったら、翌日お礼の電話を一本いれるのは当然だ」と言っているのを聞いて、はっとしました。さんざんごちそうになっておきながら、一度も翌日のお礼などしていない自分に気づき、とても恥ずかしくなったことを、今でも思い出します。

それから、僕はごく簡単なお礼の手紙を出すようになりました。当日に書いて、早くポストに投函することを心がけます。

「昨夜はありがとうございました。おいしい食事と楽しいひととき、ほんとうにうれしかったです」

せいぜい、このくらいのものですが、気持ちは伝わります。

たまたま僕は手紙ですが、メールでも電話でもかまわないと思います。たった一言でいいから、感謝を伝える。この小さなひと手間を続けると、人間関係は密になっていきます。

ここで大切なのは「続ける」ということ。

翌日の「ありがとう」を、社会人になりたての頃、あるいは初めて食事をした相手に対してはやっている人も結構います。ごちそうになったらお礼状を書いたり、電話を一本かけるというのは、たいていのマナーブックに載っているでしょう。

ところがみんな、続けないのです。

働いて何年もたつと、あるいは同じ相手と何回も食事をともにするようになると、翌日の「ありがとう」を勝手にさっさと省略してしまいます。

しかし、翌日の「ありがとう」は、もっと、ずっと、仲良くなるためのチャンス。

楽しかったひとときを一緒に反芻《はんすう》し、「また行こう」と思うための小さな儀式ともいえます。「ありがとう」という言葉は、いくつ重ねてもかさばらないし、いやな気持ちになる人はいません。

○食事をごちそうになったら、翌日きちんとお礼を伝えましょう。
○手紙でも、電話でも、メールでもいいのです。大切なのは、続けること。

たかだか百歩

「百歩譲って……」という言葉がありますが、たかだか百歩なら、いつでも譲ります。地球の果てまで歩くのではあるまいし、百歩はすぐそこまでの距離です。以前、この話をエッセイに書いたら笑われましたが、今も同じ気持ちでいます。

もちろん僕にも、なかなか譲れなかった頃がありました。

人は負けん気が強い生き物なので、ちょっとでも違う考えに触れたとたん、否定したり、言い負かそうとしたりします。殴り合いにはならないけれど、言葉の戦いを繰り広げてしまうのです。

ああ言えばこう言うをえんえんと繰り返し、結論は出ないまま、おたがいがへとへとに疲れておしまい――こんなやりとりは、あまりに馬鹿げています。

そこで僕は心の根底に、戦わないというルールを設けました。その結果、百歩くらい楽に譲れるようになったのですから、あながち悪いことではないでしょう。

戦わないために大切なのは、人の話をよく聞くこと。相手に先にしゃべらせ、「もうこれ以上、話すことがありません」と言われてもさらにしゃべらせ、その間はずっと真剣に聞くのです。

そのうち「ふうん、自分の意見とは違うけれど、それもありかなあ……」などと思えてきたりします。たとえそう思えなくても、相手がどういう根拠でその意見を述べているかが、立体的に理解できます。

戦わないルールをつくって以来、人と意見が対立したときでも、「それは違うでしょう」と否定することはなくなりました。もちろん百歩は即座に譲れます。

だからといって、自分を殺したり、考えを曲げているわけではありません。相手の意見をまず聞き、「お先にどうぞ」と譲ってから、自分に合ったペースで、のんびり自分の道を歩くこともできるのです。

○一箇所に固執しなくても、自己主張をする場所はたくさんあります。
○人と戦わないからこそ人に負けないというのは真実です。

嘘のしっぽ

「あっ、これって嘘だな」

はったりや見栄、前に言っていたこととつじつまが合わない話、小さなごまかし。いくら巧妙に隠していても、嘘のしっぽがちょろりと見えてしまうことは、案外よくあるのです。そんなとき僕は、あっさりだまされます。

友だちでも仕事関係でも、多少の嘘はあって当然だと思っているので、嘘と承知で受け入れてしまいます。「嘘じゃないの？」と問いただすことは絶対にないし、嘘をついた人に対して失望したり、嫌いになったりすることもありません。

僕は人格者ではありませんが、嘘をつく人には嘘をつかなくてはいけない理由があるのだろうと想像することはできます。やむを得ずにごまかし、取り繕いたい状況だってあるでしょう。

その人とつきあうとは、その人を一〇〇パーセント受け入れること。だったらその人の嘘も、嘘をつかなくてはいけない理由も、まるごと引き受けようと思うのです。

仕事仲間でも友だちでも、相手を受け入れているという木の幹がしっかりしていれば、嘘というのは多少の枝葉、ちょろりと見えたしっぽに過ぎません。

たとえば部下の説明を聞いていて、嘘だと感じたとします。そこで「絶対に違うだろう。俺の目は節穴じゃないんだ」と叱りつけたら、肝心の仕事が滞《とどこお》ってしまいます。

それよりは嘘ごと受け入れてしまい、そこから先にどう進んでいくか、本質に取り組む方法を考えたほうが、よほどいいと僕は思うのです。

家族や恋人でも、最初から疑ってかかったり、嘘を暴いて相手を責めたところで、関係は深まらず、誰も前には進めません。プライベートならとくに、相手の存在自体が大切なものなので、嘘は受け入れたほうが自分も楽です。許すというより、さらっと受け流し、忘れてしまうというのに近いでしょう。「だまされてあげる」とまでは言いませんが、相手の事情を思いやり、気にせずにいる愛情もある気がします。

○嘘を暴くことと、相手を活かすことと、どちらが大切かを考えてみましょう。
○嘘の背景を想像するやさしさが身につけば、そこから思いやりも生まれます。

急がない

「それはそうと……」

「ところで、あの話だけれど……」

あなたはこうやって、人の話の腰を折ってはいないでしょうか？

雑談でもミーティングでも、人の話を遮ってまで、自分の話をしようとする人が多すぎる気がします。

相手がまだ話し終わっていないのに強引に別の話をしたり、人の話に途中で割り込んだり。おそらくこれも、自分が場をコントロールしたい、支配したいという「我」の表れなのでしょう。

せっかちだから、時間がないから、だらだら話す人を遮りたくなるかもしれません。しかし、話が多少長引いたところで、たかが知れています。

あらゆる人間関係は、話をきちんと聞いてさえいれば、うまくいくもの。

恋愛関係でトラブルが起きるときは、たいていどちらかが話をちゃんと聞いていません。聞いているふりで上の空だったり、その場を早く終わらせるためのいい加減な相槌《あいづち》を打っていたりするから、こじれるのです。

謙虚になって、相手の話にひたすら耳を傾けましょう。急がずに、じっくり、ただ聞いてみましょう。そうすれば、お互いの間に流れる空気は確実に変わります。

たとえ仕事でも、人間関係に効率を求めてはいけません。あくせく急いでうまくいく仕事など、ないものと思っていいでしょう。

「せっかく時間をやりくりして、電車を乗り継いで来たのだから、この日のうちに自分を知ってもらいたい。会社についても話したい。商品についてもわかってほしいし、できれば仕事の依頼も完了したい」

この調子でせっかちに打ち合わせを始めたら、相手は引いてしまいます。目的は、一度に一つはたせたら上出来。このくらい、悠然とかまえましょう。

僕は外国人との仕事でも、同じことをします。海外まで旅費と時間をかけたぶんの効率を求めて、全部一度で済ませたくはなりますが、やろうとしたところで無理なのです。

だから、まず行って話をしてちょっと親しくなり、その次にもう少し深い話をしてお互いをよく知り、その次に仕事の話に入って、という具合に、何度も何度も足を運ぶことになります。まどろっこしいと感じる人もいるかもしれませんが、このプロセスがあるからこそ、相手も心を開き、助けてくれます。

あるとき、何度も訪ねていった相手に聞かれたことがあります。

「きみはわざわざ日本から、何度も何度も来て、大変だな。一回で済ませようと思えば済ませられるのに、なんでそういうふうにしないの?」

たぶん、何度も来る僕を、気遣ってくれたのでしょうが、こう答えました。

「それは僕の方法じゃない」

「急がない」態度は、一回の打ち合わせにおいても同じです。会ってすぐに本題を切り出すのはあまりにビジネスライクだし、なにより「その次」につながりません。

たった一回、何かをして終わる関係ならいざ知らず、関係を続けていきたい、絆をつくりたいのなら、ゆっくり相手の話を聞きましょう。

人を訪ねていって本を売っていた頃の僕が受け入れてもらえたのは、しばらくのあいだ、ただひたすらおしゃべりをしていたからだと思います。持参した本を見せることすらせず、相手の話をじっくり聞いて大いに面白がり、できれば自分を知ってもらえるようにと、いろいろな話をしました。

この「無駄な時間の無駄話」で関係の土台ができていたから、やがて本を買ってくれる人が出てきたのでしょう。そこから文章を書いたり、編集をしたりといった、いろいろな可能性が生まれていったのだと感じています。

○あらゆる人間関係は、話をきちんと聞いてさえいれば、うまくいくものです。
○人間関係に効率を求めてはいけません。無駄な時間の無駄話が関係をつくります。

気を利かせない

「こういうふうにしたら、相手はどんな気持ちになるだろう？」

どんなときにも想像力を働かせ、思いやらなければ、人とつながり続けることはできません。気遣いがない人は、よい関係を築けないものです。

そうはいっても、気遣いには「品」が必要です。

あまりに気を利かせすぎると、思いやりや気遣いが、いつのまにか、おせっかいや押しつけに変わってしまいます。

たとえば食事の席で相手の箸があまり進んでいないのを見て、「これはとてもおいしいですよ。さあ、食べてください」と、取り分けたらどうでしょう？

お母さんと子ども、ごく親密な夫婦や恋人なら別ですが、それ以外の関係では、あきらかにおせっかいです。

相手は体調が悪いのかもしれないし、その料理があまり好きでないのかもしれません。あるいは、自分のペースでゆっくり食べているだけかもしれません。

思うに、あらゆる気遣いは、言葉に出した時点でおせっかいに変わるのではないでしょうか。「私は気が利くし、ちゃんとあなたを気遣っていますよ」という気持ちが露骨に表れ、押しつけになってしまうと感じます。

また、気を利かせすぎると、相手の負担になります。「この人は過剰に気を遣っている」と感じると、自分の気持ちを先回りして読まれているようで、息ぐるしくなってしまうのでしょう。

態度でさりげなく示すだけにとどめる。決して目立つことのない、こんな品のある気遣いができる人間でありたいと僕は思っています。ゆめゆめ押しつけてはならないと、ときどき自分に注意しています。

ときには気がついていても、気がつかないふりができる。これができてこそ、ほんとうに気が利く人なのかもしれません。

僕たちはまた、気遣いを道具にしてしまうこともあるので、これも用心せねばなりません。

「この人と仲良くなりたい」

「いい関係を築いて、次の仕事につなげたい」

はっきり意識していなくても、下心がある気遣いをしている自分に、どきりとしたことはないでしょうか。

仕事では、自分のポジションを有利にするために、しなくてもいい心配りをする人がいます。友人とのつきあいでも、自分をよく見せたい、自分の主張を通したいという下心で、気を利かせていることは案外、多いのです。

下心から生まれた気遣いは、必ず相手にそれとわかってしまいます。

「あっ、この人は裏があって気を利かせているんだな」

そう感じると、たいていの人は傷つきます。

つまり、これほど失礼なふるまいはないということです。

気の利かないぼんやりした人になるのもいただけませんが、気を回しすぎて相手に負担をかけ、結果として傷つけるのは同じこと、いくら気をつけても気をつけ足りないことだと思うのです。

○思いやりや気遣いも、度を超すとおせっかいや押しつけに変わってしまいます。
○気を回しすぎて相手の負担にならないよう、気遣いには「品」が必要です。

ユーモアの効用

人と人とのやりとりは事務的な連絡ではないのですから、「伝わればいい」という構えでは成り立ちません。心と心のふれあいだということを、忘れずにいたいものです。

やりとりを円滑にしてくれるのは、ユーモア。お互いが笑いっぱなしで話が終わる、そんな関係になれたら最高です。

特別気の利いたユーモアでなくたって、かまいません。駄洒落でも、親父ギャグでも、場を和ませる一言を発する。これがさらりとできたら、本物のすてきな大人ではないかと思います。

まだまだその域に達していない僕が憧れている方がいます。年齢的にも、実績からいっても、まさに「先生」という呼び名がふさわしい方ですが、ほんとうに素直で謙虚です。僕のような二十歳以上も年下の人間にも、まるで衒《てら》いなく「会えてうれしい」という態度で接してくれます。

笑顔を絶やさないその方のお話は、面白くてもう何時間でも聞いていたいほど。

「松浦くん、できる男の条件って、わかる？」

あるときこう聞かれたので、僕は「わかるようでわからないから、言葉にできません」と答えました。するとにやりと笑って言いました。

「一番の条件は、とっても頭が良くて、とっても行動力がある男ってことだな」

もちろん、そのとおりです。僕はうなずきました。

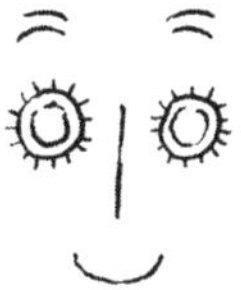

「二番目の条件は、まあまあ頭が良くて、まあまあ行動力がある男だ。そこで松浦くん、三番目はわかる？」

「三番目はちょっと頭が良くて、ちょっと行動力がある男ですか？」

答えると、そのとおりという返事。

なんだ、結局は頭と行動のレベルの話じゃないかと僕が思っていると、「じゃあ、最悪の男って、わかるかい？」とたたみかけます。

「そうですね、最悪の男は、頭が悪くて行動力がない人でしょう」

そう言うと、その方はしめたとばかりに言いました。

「いいや、最悪の男は、頭が悪くて行動力のあるやつだよ。頭が悪くったって、おとなしいやつは害がないからとくに問題はない。困るのは、悪い頭で考えたことを行動に移して、それで人を巻き込むやつさ。こんな男がいたら、大変な目に遭うぞ」

すっかり感心した僕は、すてきな女性の条件も聞いてみました。

「いい女っていうのはね。まず、とびきり頭が良くなくっちゃいけない。だけど、それを表に出しちゃいけない。頭がめちゃくちゃ良くても、それをひけらかさない愛嬌のある女が最高だね」

自分が知っていることを面白おかしく、ちょっとした小咄《こばなし》のように聞かせてくれる洒脱さに、僕はすっかり夢中になってしまいました。

その方のような「名人芸」は難しいにしても、心を開き、自分のちょっと変な部分を見せることも、ユーモアにつながります。短所も隠さず、お互いがどんどん裸になって語らえば、自然と笑いも生まれます。

○人と人とのやりとりを円滑にしてくれる、ユーモアを活用しましょう。
○場を和ませる一言を発する。これがさらりとできたら、本物のすてきな大人です。

つられない

初対面でも、何度か会っていても、感じが悪い態度をとる人はいます。

愛想がない、つっけんどん、ていねいすぎる、傲慢。少なくとも、好意的でないとはっきりわかるような態度です。

悪意があるのか無意識なのかはわかりませんが、やりにくいことは確かです。

コミュニケーションとは愛情を伝えることだし、「あなたに会えてうれしい」と全身であらわしたいと思っている僕ですが、こんな人に出くわして、むっとしそうになることもあります。

この場合、道は二つ。相手と同じ態度をとるか、それとも自分のいつもの基本スタンスを貫くか。

両方試したことがありますが、圧倒的に後者のほうがいいのです。いくら感じが悪い相手でもそれにつられず、自分だけは愛情を伝え続ける。負担が大きいように感じるかもしれませんが、これこそ自分を守る方法です。

なぜなら、いやな態度につられると、いやな人間関係の連鎖がはじまります。

相手の感じの悪さと同じくらい、自分も感じが悪くふるまうと、相手はもっと感じが悪くなります。二人の間の感じの悪さが高まっていくと、周りの雰囲気までどんよりします。そんななかで、しあわせに心地よく過ごせる人は、滅多にいません。

また、相手の「感じの悪さ」には、さまざまな事情があります。

疲れている、たまたま機嫌が悪い、いやなことがあった直後など、たとえ親しい間柄でも、人には他人にはわからない背景が必ずあるものです。単純に忙しさにかまけて、きちんと対応できないだけかもしれません。

それなのに過剰反応して、「なんだよ」という態度をこちらもとるのは、あまりにも短絡的ではないでしょうか。

「私が嫌いなのかもしれない、なにか怒らせるようなことをしただろうか？」と考えるのも、あまり意味がないことです。

どんなにいやな態度をとられても、愛情を伝えるとは、相手におもねったり、へつらうことではありません。感情的にならず、淡々と、いつもどおりに普通に接する。これだけで、波だっている相手の心を鎮《しず》める愛情表現になります。

相手がほんとうに悪意や怒りを抱いて攻撃しているなら、いずれなんらかのかたちでわかることです。それに対して「今すぐ」反応しなくても大丈夫。いいえ、むしろ相手が感情的になっているときは、流しておくのも一つのやり方です。

世界は善人ばかりではありませんが、悪い人というのも、そうそういるものではありません。

「なんとなく、むしゃくしゃする日」が、あなたにだってあるでしょう。そんなとき、軽く流していつもどおり接してもらったほうが楽なのは、相手も同じだということです。

ようするに、相手を思いやる気持ちが大切なのです。

○感じが悪い態度をとられても、いつもどおりに普通に接しましょう。
○感情的にならず、淡々と接するだけで、波だっている相手の心を鎮められます。

素のままでいる

いつでも、想像力を働かせる。

「こう言ったら、どう思うだろう?」と、先回りして相手の気持ちを慮る。

どちらも人と人とのつながりにおいて、とても大切なことです。つねにひと呼吸おいて発言するルールというのは、覚えておくといいと思います。自分をコントロールするとは、相手を思いやるためのたしなみといえるでしょう。

しかし、これはあくまで原則。

いつ、いかなるときも、原則を守るのが正しいとは限りません。こと家族間においては、ときどき外れたほうがいいと僕は思っています。

想像力のアンテナをひっこめて、素のままの自分でいること。

怒りたいときは怒る。

泣きたいときは泣く。

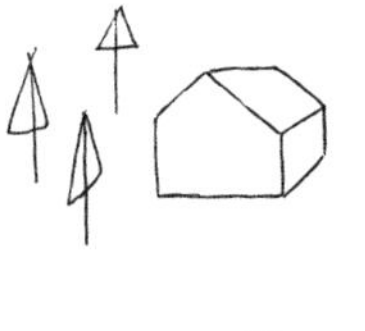

感情をコントロールせず、格好をつけず、取り繕わず、ありのままの自分でいるということです。

当然、いくら家族であっても相手を傷つけるようなことがあってはならないし、言わなくていいことを無理に言うことはないのですが、日常生活をともにする相手には、素のままで向き合うほうが、お互いに心地よく過ごせます。

また、家族のなかに子どもがいるなら、よくないことはよくないと、きちんと教えなければなりません。この際は言葉をよく吟味し、冷静な態度で教えることが基本ですが、ほんとうに大切なことは、感情をむき出しにしないと伝わらなかったりもします。

「本気で頭にきているんだ」

自分の思いをまるごとぶつけることでしか、教えられないこともあると覚えておきましょう。

家族とのつきあいに関していえば、わが家の場合、そもそも時間帯が違いますし、休日に仕事が入ったり、出張があったりして、一緒にいる時間が少ないこともままあります。

そんなとき僕は、意識的に接点をもつことにしています。

ある程度の年齢になると、子どもは放っておいてもいい状態になりますが、夫婦間ではケアしあうことも大切だと感じているからです。

とはいえ、頭の中が仕事でいっぱいだったりすると、なかなか立ち入った深い話はできません。しかし、一緒にいるだけでとれるコミュニケーションもあるのです。

たとえば家族が台所やリビングにいるなら、自分も台所やリビングにいるようにします。どんなに疲れていても、自室にこもって本を読むようなことはしません。

近い場所にいれば、何の気なしの話ができます。何の気なしの話から、相手についてて見えてくることもたくさんあります。家族も、改めて言うほどではないことも、すぐそばにいれば気軽に話せるようです。

洋服を買いに行って、お店の人に「すみません」と声をかけるのはためらいがありますが、ちょうどいい間合いでそばにいればあれこれ聞くことができます。これと同じで、家の中でもそばにいる効用というのは大きい気がします。

「ちょっと淋しそうだな」「なにか言いたいんじゃないかな」と感じたときは尋ねたりはせず、黙ったまま、なるべく近くにいるようにしています。

相談するもしないも相手の自由。ただし、「いつだって聞く用意はあるよ」ということを、態度で伝えているのです。

「ただ、同じ空間にいる」というのも、素のままでいるコミュニケーションの一つではないでしょうか。

とりとめのない話をするだけの、おだやかでゆるやかな素のつながり。これも家族ならではの、心地よさだと思います。

○家族の前では、素のままの自分でいたいものです。
○ただ、同じ空間にいるというコミュニケーションもあると思います。

立ち止まる

なんでもない一言が、崩れ落ちてしまいそうな気持ちを、救ってくれることもあります。

なんでもない一言が、どうやったところで消せない傷を、心に残してしまうこともあります。

言葉というのはたいそう強いツールであり、だからこそ慎重に取り扱わねばならないと思うのです。いのちを救う薬にも、いのちを奪う毒にもなるのですから。

子どもの頃、同じクラスに知的障害がある男の子がいて、みんなでよく一緒に遊んでいました。

ある夏、友人が彼に「おまえなんか死んじゃえ」と言ったことがあります。愛嬌がある子だったし、まだ小学校の低学年なので、ふざけているとき、何の気なしに発した言葉だったのです。言われた彼も周りの友だちも、けらけら笑っていました。その頃の子ども同士のやりとりだと、「死んじゃえ」という言葉は、ごく軽いものだったと思います。

彼が海でおぼれて死んでしまったのは、数日後のことでした。

誰かのせいではないということは、わかっていました。友人が「死んじゃえ」と言ったから、彼がおぼれたわけではないと。

しかし、僕は深くショックを受けました。

「死んじゃえばいい」という言葉が、本当になってしまうということ。

死んでしまった友だちには、「死んじゃえなんて言ってごめん」と謝ることは、どうやったってできやしないということ。

いったん口にしたら撤回できない言葉のおそろしさが、臓腑《ぞうふ》までしみとおるような出来事でした。

それから僕は、言葉にずいぶん注意するようになりました。大人になってからも、相手を傷つける言葉は決して口にしてはならないと、自分を諌《いさ》めてきました。

それでも言葉はたいそう難しくて、ほんのぽっちりも悪気がないのに、人を傷つけてしまいます。自分では愛情表現のつもりが、相手にとってはたいそう不快なものになったりするのです。

先日も、知人がひどく落ち込んでいたので、僕は事情を尋ねました。するとお父さんががんで、危篤だと言います。「もう、駄目なんです」とつぶやく彼をなんとか励ましたくて、僕はこう言いました。

「親の死っていうのは、誰もが通る道じゃないかな。だからがんばってね」

自分でも、うまい表現だったとは思いません。しかし傷つけるつもりなど毛頭ありませんでした。

ところが僕が発した「誰もが通る道」という言葉は、彼の心を刺してしまいました。たった一人の自分の父親の死を、「よくあること」として片付けられたと感じたようで、「実はあのとき、とてもショックでした」と、あとから聞きました。

僕はもちろん謝り、自分の思いやりのなさを悔やみました。彼はゆるしてくれましたが、それでも、僕が彼を傷つけたことはたしかなのです。

一度言ってしまった言葉は、取り返しがつかない。僕は、小学生の夏に味わったのと同じ苦い思いをすることになりました。

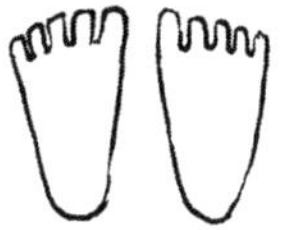

もしかすると、僕はまた同じ失敗を繰り返すかもしれません。だからこそ、気をつけているのは、言葉を発する前に立ち止まること。感情的に何か言いたくなったら一呼吸、待ってから言うのです。子どもの頃「かっとしたら、一〇数えてから、言いなさい」と親に教わりましたが、それを再び守ろうというわけです。

思わず言いたくなることというのは、たいてい言わなくてもいいことだったりします。手紙やメールも勢いまかせだと、「出さないほうがましだった」というものしか書けなかったりします。

「これを伝える必要があるのか？　言葉にしていいのだろうか？」

注意深く立ち止まること。どんな些細な言葉でも、一〇数えてから口にすること。

どれだけ気をつけても、気をつけ足りないくらいのことだと思います。

○言葉には、それ自体に強い力があります。だからこそ取り扱いは慎重に。
○言葉を発する前に一〇数える。注意深く立ち止まるための方法です。

噂話に深呼吸

『暮しの手帖』の編集長になりたての頃、毎日のように届く手紙がありました。

「私の好きな『暮しの手帖』ではなくなってしまった」

「どうか昔のままの『暮しの手帖』を返してください」

雑誌をリニューアルしたことへの抗議の手紙が、日に何通も届いたのです。すばらしい達筆でしたためられていると多少せつなくはなりますが、編集長という僕の仕事は、その声にどう向き合っていくかだと受け止めていました。


組織に属することなく、ずっと一人で仕事をしてきた僕にとって、ネガティブな意見や批判、噂や陰口はおなじみのものです。

知り合いの中の誰かに、陰では「なんだ、あいつ」と言われていても、慣れっこだし平気です。仮に、カウブックスがある中目黒界隈《かいわい》の半径一キロ以内に「松浦弥太郎が好きだ」という人が一〇〇人いたとしたら、「松浦弥太郎なんて大嫌いだ」という人も一〇〇人いるでしょう。

自分が矢《や》面《おもて》にたって何かするなら、賛否両論あって当然です。むしろ向かい風が強いほど、前に進んでいるように思えます。

いちばんさびしいのは、いいも悪いも、どんな声も聞こえてこない無反応、無関心。その意味で、『暮しの手帖』に届く正面きっての抗議など、うれしい便りとすら言えます。実際、就任して二年たつ今でも、抗議の手紙に返事を書くのが僕の仕事であり、勉強でもあるのです。

ノーを言われたということは、関心は持ってもらえているのですから、そこからがスタート。仕事に限らずプライベートでも、それくらいの気持ちでいます。もし、あなたが陰口や噂話が気になってたまらないなら、こう考えてみましょう。

第一に、人はあなたが気にするほど、あなたに注目してはいないし、二十四時間あなたのことを考えてもいません。「今頃、自分の陰口を言っているだろう」と思う相手は、あなたのことなどころりと忘れて、デートでもしているかもしれません。

第二に、ネガティブな声は自然に耳に入ってきても、ポジティブな声はひそかで聞き取りにくいものです。あなたの仕事なり、性格について批判や悪口を言っている人が一〇人いたとしたら、その陰にあなたの仕事を評価し、感じのいい人だと思ってくれる人が一〇人います。ただ、彼らはそれを黙っているので、あなたが気づかないだけなのです。

それでも、心が波立ってしかたがないというあなたに、とっておきの秘密をお教えしましょう。それは深呼吸すること。

実にシンプルですが、霊験あらたかな効き目があります。深呼吸をすると不思議と心が落ち着き、冷静になれます。

人の目がどうしても気になってしまうとき、呼吸は浅くなっているはずです。よく考えれば、まあいいやと思えることに感情的になり、過剰反応してしまうときは深呼吸してみましょう。

深呼吸は噂話や陰口を忘れさせてくれるばかりでなく、大切な話をするときや、ちょっと一息つきたいときにも役に立ちます。人の目を気にするよりも、深呼吸の回数が多い一日のほうが、ゆったり過ごせることは確かです。

○心がざわつくなと思ったら、姿勢を正して大きく深呼吸してみましょう。
○良い気を取り入れ、悪い気をはき出す。深呼吸は最も簡単な気分転換の方法です。

自分は一人ではない

恋人、仕事、時には家族とですら、「この関係性から逃げ出したい」と思ってしまう気持ちは、わからなくはありません。

トラブルが元で、やりにくくなってしまった職場。

ちょっとしたいさかいで、波風がたってしまった友人との関係。

「辞めます」のひとことで、トランプみたいにカードをばらばらにして、全部を入れ替え、まるっきりあたらしいゲームを始めることができたなら。

「さよなら」の電話すらせず、きっぱり縁を切ってあたらしい人間関係を築けたら。

こんなふうに願う人もいるかもしれません。

しかし、もしまわりの人がこんな態度をとったら、僕は断固として拒否します。

あるとき若いスタッフが、思いつめた顔で僕のもとにやってきました。

「三日三晩、考え抜いたんですが、仕事を辞めたいんです」

彼の顔を見れば本気で言っていることはわかりますが、僕はあっさりこう言いました。

「だめです。あきらめてください」

たとえ三日三晩、眠らずに真剣に考えていようと、その決断は彼が一人で下したものです。たとえ仕事とはいえ、僕たち二人の関係性の話なのですから、どちらか片方が行き先を決めてしまうのは、おかしなことだと思うのです。

人のつながりは、一人で決めることはできません。

「辞めたいんですけど」

「はい、わかりました」

これだけで終わるくらいなら、いったい、今まで過ごした二人の時間はなんだったのでしょう。ぎくしゃくと歪んでしまったところを、少しずつ整えていくことこそ、人とのつきあいの基本だと僕は感じます。

○関係性のある決断は、一人で下すことはできません。
○人との面倒なかかわりの中にこそ、輝く宝がひそんでいます。

壊れたときがスタート

ラジオでも鞄でも、自転車でも同じです。この世に存在するもので、壊れないものはありません。

「もうさんざん使ったし、新しいものを買ったほうが安あがり」というのが世の流れかもしれません。捨てることは簡単ですし、誰も文句を言いません。

それでも僕は、壊れたものを修理して使うほうが好きです。ものは壊れるという大前提があるから、そこからがスタートだと思います。処分したり新品と交換するのではなく絶対に直そうと決め、手をかけて修繕することで、ようやく自分のものになっていく気がするのです。

人とのつきあいもこれと同じです。ぶつかり合って摩擦がおき、壊れたりひびが入ったときがスタートだと思っています。

なごやかにしているだけのかかわりなど、浅いものです。トラブルが生じ、気

持ちをむき出しにして傷つけあい、これまでのつきあいが壊れたとき、初めてその人との関係が始まるのです。

人の気持ちはものより壊れやすくて、何回でも壊れます。そのたびに僕たちは、分かれ道に立つことになります。

いさかいから逃げ出し、この人との関係を捨ててしまおうか。それとも、ひるむことなく正面から向き合い、懸命に丹念に関係を修繕しようとするのか——。

僕はいつも後者を選びます。それはものを直すのと同じく、いや、はるかにタフな試練ではあります。体裁のよい顔をかなぐり捨て、言いにくいことも恥ずかしいことも言葉にし、ときには子どもみたいに泣きながらその人と向き合う。これは生半可《なまはんか》な気持ちではできません。

それでも傷やほころびがていねいに直されたとき、きっと関係は一段と深く、豊かなものになっているはずです。おだやかで満ちたりた気分が味わえるはずです。

豊かさとは目に見えるものではなく、そこに隠された物語だと思います。

たとえば十年も修理を繰り返して履いている靴は、僕にとってただの靴ではありません。最初にかかとが磨り減った旅の思い出、数年後につま先の縫い目がほころびたときの出来事、そのたびていねいに縫い直してくれた職人さんの心、そんなあれやこれやが詰まった宝物です。誰にも話しはしないけれど、自分だけの物語が宿れば、どんなに高価な新品よりも価値があるのではないでしょうか。

人とのかかわりも、「あんなこともあったけれど、自分たちは乗り越えてきたな」と思い出せる出来事があればあるほど、豊かになります。

恋人時代から一度も喧嘩をせず連れ添っている夫婦がいたら、なんだかさびしいし、不思議な気がするのは僕だけでしょうか。

ものは経年劣化《けいねんれっか》で磨り減ることもありますが、人とのつきあいの場合、馴れ合いになって摩擦が起きないことのほうが危険です。

壊れることが大前提だと思えば、真正面から相手にぶつかっていくこともできます。

大勢ではなくても、そんな相手が何人かいれば、豊かな人生となるはずです。

○壊れても直すつもりでいれば、言いたいことを呑み込まずに済みます。

○真剣に手をかけてかかわるのであれば、大勢の友だちも、たくさんのものもいらなくなります。

「新しい、いいところ」を見つける

きれいな目をした人は、いつも目のきれいさを、ほめられるでしょう。

頭がとてもいい人は、いつも頭がいいなと、感心されるでしょう。

これは自然なことだし、何度も何度もほめていいのです。

それでも、ほめられてもっとうれしいのは、自分でも知らない「新しい、いいところ」を見つけてもらったときです。

本を出したりしている僕は、読者の方からの手紙といった、不特定多数の人とやりとりする機会に恵まれています。その際、自分の知らない「新しい、いいところ」を見つけて書いてくださる人もいます。

普通だったらなかなか知り合えないような人とコミュニケーションをとったことで、違う光を当ててもらえたのでしょう。ちょっと気持ちがしぼんでいるとき、そんな手紙に心が救われたことは、ずいぶんありました。

自分の身近な人にも、違う光を当ててあげたい。
「新しい、いいところ」を見つけてあげたい。
読者の方からの手紙に返事を書きながら、僕はそう決めました。

とくに元気のない人の、「新しい、いいところ」を見つけるようにしています。仕事場でも、家庭でも、真剣に考えれば必ず見つかります。小さなことでも、ささやかなことでもいいのです。小さくてもきらりと光るのは、ダイヤモンドだけとは限らないのですから。

「新しい、いいところ」を見つけたら、一緒にごはんを食べたり、みんなで話し合ったりしているときに、繰り返し言います。妻にも、娘にも、会社の人や仕事仲間にも、同じようにしています。

ある女性が何度も企画書を出してくるのに、なかなか通せないことがありました。仕事ですから、妙な同情で妥協するわけにはいきません。何度やってもうまくいかなくて落ち込んでいる姿はかわいそうですが、これぱかりは仕方がないのです。

しかし、彼女の「新しい、いいところ」はちゃんとあります。あまり企画が決まらなくても、手紙が抜群にうまいのです。本人はそれを意識せず、通らない企画にばかり目がいっているようだったので、僕はみんなの前で言いました。

「仕事柄、僕らはたくさんの手紙を書きますが、わからないことがあったら彼女に聞きましょう。年は若いけれど、彼女の手紙はとてもいいですよ。ていねいで心がこもっていて、いつも仕事相手にほめられています。『すごくいいお手紙をいただいて、ありがとうございます』って、この間も取引先の方が喜んでいました」

もっとささやかでも、「新しい、いいところ」はあります。

ある人は座り方がとてもすてきなので、僕はミーティングのときに、みんなの前で言いました。

「みなさん、ちょっといいですか？　今、Aさんの座り方を見ましたか？」

無造作に椅子を引き、ドスッと座ったみんなはびっくりして、Aさんを見ました。

「口うるさいように聞こえるかもしれないけれど、電車で座るときにドスッと座ったら、隣の人はびっくりしてあなたを見ますよ。社会人として生きていく以上は、周りに配慮して静かに座るほうがいいと思います。その点、Aさんの座り方は、すばらしい。すうっと椅子を引いて、滑るように音一つたてずに座る姿が、ほんとうに美しい。ぜひ、見習いたいと思います」

手紙がうまい人も、静かに座る人も、「新しい、いいところ」に光が当たったことで、ちょっと元気になったように感じます。

「新しい、いいところ」というのは、目立たないものです。

引き出しを思い切り音を立てて閉める人と、静かに閉める人では、後者がすばらしいと僕は感じますが、そのすばらしさに気がつく人はなかなかいません。

静かに閉めるためのていねいな動作、周りに対する控えめな気遣いは、あまりにさりげなくて、本人も周りも見逃してしまうのです。

さて、要領はわかったでしょうか？

「新しい、いいところ」を見つけるには、静かな観察者になることが一番です。虫を見つめ続けたファーブルのごとく、細密に、ひそやかに、そして愛情をもって。

まずは身近な人から、「新しい、いいところ」を見つけましょう。

○自分の身近な人の「新しい、いいところ」を見つけて、光を当ててあげましょう。
○「新しい、いいところ」を見つけるには、静かな観察者になることです。

著者紹介

松浦弥太郎（まつうら やたろう）

エッセイスト。2002年、セレクトブック書店の先駆けとなる「COW BOOKS」を中目黒にオープン。2005年からの9年間『暮しの手帖』編集長を務め、その後、IT業界に転じる。ユニクロの「LifeWear Story 100」責任監修。「DEAN & DELUCA MAGAZINE」編集長。他、様々な企業のアドバイザーを務める。映画「場所はいつも旅先だった」監督作品。著書に『今日もていねいに。』（PHP研究所）、『しごとのきほん くらしのきほん100』（マガジンハウス）など多数。

本書は、2014年９月にPHPエディターズ・グループから
刊行された作品を文庫化したものです。
本書に掲載している年齢や年数、内容は特に明言がない
かぎり単行本刊行時のままです。

［よりぬき］
今日もていねいに。BEST101

2023年12月15日　第1版第1刷
2024年11月1日　第1版第5刷

著　　者　松浦弥太郎

発 行 者　永田貴之

発 行 所　株式会社PHP研究所
東京本部　〒135-8137　江東区豊洲5-6-52
ビジネス・教養出版部　電話03-3520-9617（編集）
普及部　電話03-3520-9630（販売）
京都本部　〒601-8411　京都市南区西九条北ノ内町11
PHP INTERFACE　https://www.php.co.jp/

制作協力
組　　版　株式会社PHPエディターズ・グループ

印 刷 所
製 本 所　TOPPANクロレ株式会社

ISBN978-4-569-90376-7